討好就能美好嗎？

諮商心理師
黃志堅——著

任何「委屈」都換不到對方的一點「用心」
你的妄自菲薄，終使自己成為他人眼裡的雞肋
所有的「愛」都不是能靠交換得來……

U0001499

方舟文化

目錄

Part 2 剖開老好人思維邏輯，撕開偽裝的形象面具

Part 3 為何越想討好，卻越被看不起？

Part 4 增強人際關係的邊界意識，設置心理底線

Part 5 學會表達自己的意見，學會說「不」

Part 6 拚命取悅他人不如豐富自己

Part 7 戒除討好，關鍵要建立自我軸心

Part 8 你若盛開，清風自來

作者序

如果討好有用，還要努力做什麼？

最近中國當代青年作家蔣方舟在某節目中提到：「我從沒有和任何一個人產生過『真實』的關係。」所謂「真實的關係」是指——我們可以和這個人爭吵，可以把自己最不堪的一面展現給他看，可以在他面前肆無忌憚地做自己，表達自己最真實的想法。

這是蔣方舟回答好朋友的問題時說的一段話，那時候的她正處於習慣性討好別人的角色裡，不懂得拒絕，也不懂得反抗。甚至在男朋友打電話來罵她時，她竟也不分青紅皂白地道歉長達兩個多小時。

可她男友卻認為她的道歉不過是敷衍，反而更加怒火中燒，不停地將電話掛掉後再重新打來，當時的她卻完全想不到以「道歉」之外的其他方式來處理這件事。

節目播出後，評論如潮，引起許多人的共鳴。很多人不由得驚呼：「哇，這說的不是我嗎？」、「對耶！我就是這樣子啊！」……「討好型人格」一下子成為熱門搜尋關鍵字。

這雖然不是一個新的詞，卻還是有不少人沒有發現自己有這樣的特質，其描述的人格特徵早被心理學家關注，只是在心理學中，它另有名稱——「取悅症」、「聖母型人格」。這些名稱無一不恰如其分地凸顯出這類人格的核心特點，那就是「討好」。

讓別人高興，初聽起來沒什麼問題，人們相處共事誰不希望彼此有個好心情？誰願意每天跟別人鬧彆扭，讓別人不開心，自己也難受呢？**問題的本質在於，在具有「討好型人格」的人心裡只有別人，沒有自己。**

為了別人高興，可以時時處處委屈自己，犧牲自己的快樂。每天活在別人的情緒中，一切圍繞著別人的喜怒哀樂行事。這種做事以取悅別人為目的，極力維護人際和諧的行為模式，顯然是不健康的。因為討好別人是以壓抑和犧牲自己的正常情緒為代價，說白了，就是讓自己活得憋屈、懦弱，來換得他人的開心、恣意。長此以往，內心必然裝滿痛苦、焦慮、憤怒、孤獨、無奈等諸多負面情緒，他的內心談何健康？他的人生談何幸福？

你會不會特別在意別人是不是不高興了，是不是討厭我們的時候呢？有沒有曾經違心說著附和別人的話，內心裡卻是另一種聲音呢？是否有對別人的請求有求必應，哪怕自己正忙得焦頭爛額，也竭盡全力先把別人的事做好呢？

拿這些問題考量一下自己以及身邊的人，不難發現，這個群體很龐大。一份線上調查顯示，**有八四．二％的人認為自己在人際交往中或多或少存在「討好」心理，有六一％的人確認自己身邊有很多「老好人」**。蔣方舟一言激起千層浪，那些被魔咒禁錮的人彷彿頃刻間發現——我原來中了「討好」的毒！

遠的不說，就說說最近熱映的馮小剛導演的電影《芳華》中的劉峰，就是一個具有典型「討好型人格」的人。他做事一切以他人的需求為中心，帶著十足的取悅他人的「討好心理」：每次到北京出差，都要給戰友捎大大小小、零零碎碎各種東西，大包小包地拎回來後，還要不厭其煩地一樣樣送到人家手裡；大家吃大鍋飯，一起吃餃子，他總是把別人不喜歡吃的破了皮的餃子，都打到自己碗裡，甚至專挑一碗餃子皮吃；平時團裡的髒活累活都是他的，因為他總搶著幹，時間長了，大家都習慣性地把這些活扔給他；最讓人感嘆的是，他用抗洪救災受傷，換來上大學的機會，卻在別人表達了自己也需要的想法後，很輕易地就拱手讓給了人家，自願繼續留在團裡打雜……

劉峰如此消耗著自己的內心，去取悅身邊的每一個人，卻在對自己心儀的女孩子表達愛慕時，被說成是「耍流氓」，而昔日那些接受著他各種幫助的戰友，沒有一個人站出來為他說話。從此，他的人生充斥著窘迫、困頓。

一味地討好別人，並沒有換來自己想要的和諧和來自他人的尊重、認可，卻成為悲劇的根源。這其中所折射的人之本性以及心理動機，在本書中會展開詳盡的闡述。

正如盧梭在《論人類不平等的起源》中所描繪的：我們每一個人都活在他人的眼光中，而屬於他自己的真我則是空無一物，每一個人都在扮演著某種角色，被別人的眼光所定義，通過種種外在的文飾扼殺了原始的本真與素樸。在別人的目光中丟失自我，以取悅別人為要義的生活，終歸與幸福無緣。

更傷人的現實是，我們把自己放低一尺，別人就會把我們看低一丈。我們越是放低姿態對別人好，別人就越是得寸進尺要求我們更多地付出。

心理學中有一個「登門檻效應」*和「阿倫森效應」很好地解釋了這種心理機制：我們幫人一次，他很感激我們。我們幫人十次，他便會覺得這是理所應當的。倘若哪天我們不幫他了，他就會不高興了：你怎麼能不幫我了呢？同理，我們一直在放低自己，他就會覺得，我們本來就應該比他低。

張愛玲對胡蘭成低到塵埃裡的傾世之戀，似乎正是這種心理博弈的佐證。正如張愛玲在作品中所言：「女人一旦愛上一個男人，如賜予女人的一杯毒酒，心甘情願地以一種最美的姿勢一飲而盡，一切的心都交了出去，生死度外。」

張愛玲對胡蘭成的付出與討好，完全處於失衡和無邊界狀態，對胡蘭成的縱容達到無以復加的程度。甚至在受到胡蘭成漢奸之名牽連的時候，沒有作品可發表，沒有經濟來源的日子裡，張愛玲還是省吃儉用，不斷給逃亡的胡蘭成寄錢，並且在與胡蘭成分手後仍將兩部小說的稿費三十萬元全部寄給了逃亡中的他。

「二戰」結束後，胡蘭成逃亡到溫州，但風流成性的他並沒有把張愛玲放在心上，他愛上了一個又一個女人，而對她從沒有感到過一絲愧疚。張愛玲千里尋夫，想尋回丈夫的心時，看到的卻是胡蘭成的又一次背信棄義。

在這場短短三年的婚姻裡，張愛玲把自己低到塵埃裡去愛，把自己一生全部的情感都給了有才無德的胡蘭成，而胡蘭成帶給她的卻是一段不堪的初戀和不幸的婚姻，從此，她從塵埃中開出的這朵花也永遠地枯萎了。

---

* Skips threshold effect/Foot In The Door Effect，由美國社會心理學家弗里德曼與弗雷瑟提出，指一旦接受他人較小的要求後，為避免認知不協調，讓他人覺得自己前後不一，因此儘管對方接著提出較不合理的要求，人們也會自行增加同意的傾向，又稱得寸進尺效應。

張愛玲為維護對胡蘭成的愛，百般討好與付出，換來的是胡蘭成千般的輕視與侮辱。愛情似乎不講道理，其實人際關係也是如此。

討好者之所以老吃虧和受傷，根源在於沒有邊界意識，幫忙和付出沒底線。善良本是美德，但是過度善良損害到自身利益就是犯傻了。像生活中最常見的朋友借錢，不管自已經濟能力如何，就滿口應允，最終受傷的只是自己。這在本書的第三章裡，會有全面的闡述。

如果討好有用，還要努力和實力做什麼？這個世界上所有成就一番事業的人，無不是靠自己的努力和實力。如果討好有用，那麼，這個世界將是多麼可怕和叫人無望啊！有句話說得好，不要去追一匹馬，而是用追馬的時間去種草，待春暖花開時，就會有一批駿馬任我們挑選。

最後，我用陸小曼的一段話與讀者共勉！

我們不必去討好所有的人，正如不必銘記所有昨天。時光如雨，我們都是在雨中行走的人，找到屬於自己的傘，建造小天地，朝前走，一直走到風停雨住，美好晴天。

Part 1

我們身邊的那些老好人們

討好者往往希望通過自己的付出和討好來暗示別人回應更多的好處與更大的回報。這也是他們內心敏感的表現，他們能敏銳地察覺出別人的需求，因此一廂情願地認為別人也理所當然地給予默契的回應。

他們十分在意別人對自己的看法，有意壓制自己的負面情緒，總是假裝出一種與人為善、樂於助人、陽光向上的正面形象，以此維持自己的「好人緣」。他們挖空心思、竭盡所能地去揣測、表現、偽裝，甚至可以說是賣力表演，只是為了獲得別人的好感，但唯獨會委屈和冷落了自己，因為討好是以壓抑和犧牲自己的正常情感為代價的。

典型特徵一

極度敏感，敏銳洞察他人的需求

極度敏感可以說是「討好型」人格最突出的特質，也幾乎是「討好型人格」都具有的心理特徵。

我認識一位叫陳晴的大姐，在大家的眼裡，她是一位非常善解人意的「天使型」女子。因為她心思細膩，總是能同理他人，身邊的朋友遇到什麼不開心的事，只要跟她傾訴，她總能站在對方的角度，三言兩語就化解了對方的不快。

在與她相處時總能感到非常舒服，她事事讓著別人，從對方的角度思考問題，想別人所想，急別人所急。你正在為某件事焦慮不安，煩惱不知道該怎麼說出口時，她早已替你都做好了。

所以，在一圈朋友心裡，她就是大家的「知心姐姐」。可我卻透過陳晴的「知心」、

「暖心」看到她極度敏感和過於重視別人情緒、想法的內心。幾次交流之後，她也坦承了這一點。

平時她和同事、朋友，甚至是和家人在一起，都會特別在意他們的情緒和狀態，深怕身邊的人稍有不快。因為太在意，所以她總是小心翼翼地察言觀色，別人臉上表情的細微變化、情緒上的輕微起伏，她都能敏感地覺察到，接著暗自在心裡揣摩：他怎麼了？他為什麼會這樣？時間長了，陳晴對於揣測他人的心理也越來越得心應手，總能一下子就能猜透對方的心思。然後她會迅速「投其所好」，說一些讓對方開心的話，或者乾脆去做對方希望做的事，來改善對方的情緒和心情。

但是為什麼會這麼擔心他人的負面情緒呢？她自己也說不清楚。可是只要一看到別人不高興，她就會不由自主地想：「哎呀，是我哪裡做錯了嗎？」、「我哪句話讓他不開心了？」、「我什麼地方出問題了嗎？」接著就會感到很不安，急忙想讓對方高興起來。其實，絕大多數時候，別人的不開心壓根就與她沒有關係，可是她就是無法控制自己，總不由自主地惶恐不安。

就拿她與婆婆的日常小事來說吧。有一次，陳晴的婆婆從廚房出來，氣哼哼地說：

「買了捆青菜，回來打開一看，裡面都是爛的。」

陳晴立馬好言勸慰，想盡力消除她的不愉快，她當下便挽起袖子去廚房做飯，並請婆婆到一旁好好休息。將飯菜端上桌後，老公和孩子還沒回來，她就急忙拿起電話，想問老公到哪了。這時候婆婆隨口說了句：「等等就是了，估計用不了多久就回來了。打電話還浪費電話費。」

陳晴敏感地聽出她話裡透出的不高興，再看她的臉色，也是堆著濃濃的不快。她心裡立馬就堵得難受，趕緊把電話放下，說：「好好，那不打了。」儘管她自己也很清楚，婆婆只是尚未從買到爛菜的不滿中走出來，完全不是針對自己，可是心裡卻不可抑制地認為是：自己讓她不高興了，認為是自己沒有做好，是自己失職。

朋友們都覺得陳晴善解人意，願意跟她訴說生活中不開心的事。陳晴幫他們開解的時候，其實自己心裡是很累的，因為她太過於努力想讓他們儘快開心起來，她會耗費自己的全力去共感，去揣摩、理解他們，然後盡可能地迎合他們的心理需求。

陳晴覺得自己像極了一個「討好者」，可是，為什麼要這麼討好別人呢？為什麼這麼在意別人的情緒呢？她真的是太累了，可是她又改變不了自己，就這樣終日被別人的情緒操控著……

可以肯定的是，陳晴的確具有「討好型人格」。察言觀色、洞察人心，對於外交家，是縱橫捭闔、運籌帷幄；對於談判家，是知己知彼、佔據優勢；對於推銷員，是察人喜好、對症開單……以上種種都是以其為工具，為利器，助力自己，達到預期目的的。而討好者的「察言觀色」、「洞察人心」卻全然不同於此。其間的區別可以歸結為兩點：

一、過度敏感於別人情緒波動，而且很容易受到對方的影響

別人的一個臉色，一個語氣就讓他思慮繁多，難受半天。也就是說，他的心情是以別人的心情為風向標，自己的言行也是以別人的喜怒為指揮棒。對方不高興了，他首先想的是自己哪裡出了問題。然後極力察言觀色，揣摩對方的心思，從而隨機應變，極力修正自己，去「討好」別人。

二、敏銳洞察出別人的需求，無條件滿足對方

在這個過程中，他完全忽略自我的內心需求，甚至在自己和對方的需求相衝突的時候，為了對方高興，寧可放棄自己的需求，而成全對方。給別人的感覺是他很無私、很偉大，但他內心其實是隱忍、委屈的。就如陳晴，內心很不快樂，感覺很累。

我們平日裡是否如陳晴這樣，總在小心翼翼揣摩別人的心思，並依照著別人的心思說話、行事？是否會在話說到一半時，因為看到對方臉色陰沉下來，就硬生生把接下來的話拐個彎，變成讓對方高興的意思說出來？是否會在揣測到對方希望我們說「黑」，縱然我們心裡認定是「白」，但依然順著對方的意思說出了「黑」？是否明明不喜歡看足球賽，但洞察到對方想讓我們陪著一起看，便裝作很開心、很期待的樣子和他直奔球場……

如果以上的問題回答都是「是」，而且類似的事情每天都有發生，我們的內心也時不時為此感到無奈、疲憊，那麼我們有必要「關心」一下自己，問一問自己：我們有沒有可能不要再這麼善解人意？

典型特徵二

有求必應，拒絕別人難為情

樂於助人，只要有人向他尋求幫助，他便放下手裡的一切工作，全力以赴去幫助別人。有求必應，是「討好型人格」的第二大典型表現。

郭冬臨演過的小品《有事您說話》中的主人公郭子，就是這樣一位「有求必應」型的老好人。「有事您說話」是郭子的口頭禪，不管是誰有事找他幫忙，他都毫不猶豫一口答應，不管有多大的困難，不管自己得為此付出多大的代價。小到幫老陳扛大白菜到六樓，大到自己貼錢幫同事買臥鋪票。而為了買到別人的臥鋪票，他甚至不惜在大冬天抱著鋪蓋卷在車站過夜、排隊，凍得一把鼻涕、一把眼淚。可當同事提出再買幾張票的時候，他依然胸口一拍應承下來，轉身再抱著行李捲出門……

有人可能會說，待人熱情、熱心助人，不是一種美德嗎？我必須說，這和我們在這裡討論的「討好型人格」的待人熱情、樂於助人是兩個全然不同的概念。其間的區別在於：

• 是否具有理智與原則？

有的人能夠根據自己實際情況和能力，量力而行地助人；而「討好型」卻是成癮般，無底線、無原則地一切以他人的需求為重心，完全忽視自己的現實情況和感受，甚至為了幫別人做事，把自己的生活搞得一團糟。

好比郭子，明明能力有限，答應替別人買臥鋪票根本就是為難自己，但就算明知道會受苦，他還是豁出去幫別人做好這件事。結果自己受凍感冒，鼻涕眼淚流不停，被人戲稱「一夜風流」，可謂狼狽不堪。對照九型人格分類，這類老好人屬於「全愛型給予者」。「全愛型」這三個字用在他們身上，真是再貼切不過了。

• 也許我們都還有其他的選擇？

前者是在自己有意願幫助別人的時候，才伸手相助；而後者是有求必應，儘管內心很多時候是不情願的，甚至是牴觸的，但說不出拒絕的話，強撐著照單全收。

●是純粹為了讓人方便，還是想獲得好感？

有些人幫忙純粹是出於想給人方便，然而討好型者卻是帶著「討好心理」，以犧牲付出來換取他人對自己的喜歡、認可或者回報，而竭盡全力助人的。

待人熱情、樂於助人，當然很好，但過了頭的熱情和助人，陷入「討好」的泥沼，就不好了。分清正常的樂於助人和非正常的「討好型助人」之後，我們再來進一步總結這不懂拒絕的有求必應心理的非理性特點——

●別人有求於我，是看得起我

我必須把事情做好，讓別人認同我的能力和價值。如果我拒絕了，別人則會看輕我，不喜歡我。前述所提的郭子就具有這樣的特點，不計成本、毫無怨言地去幫助別人，為的就是在別人眼裡營造一個能幹的形象，獲得價值感和存在感。

我若拒絕，對方會討厭我

為了讓別人滿意，讓別人喜歡自己，就只能虧待自己。舉個例子來說，友人的女兒在畢業後工作不到半年，某次忍不住向我抱怨工作真的太累了、太壓抑……在一番交談後，我很快就看出她很累、很壓抑的真正原因——無休止地幫別人做著各種瑣事。

一下幫A同事整理工作日誌，一下幫B同事列印資料……更糟糕的是，因為她的「善良助人」，因此經常有同事在週末時，請她來替自己加班，而這位女孩竟然多次為了幫別人加班，推掉自己原先安排好的行程。

她每天忙得不可開交，疲於奔命，可靜下心來想一想，真正值得她付出的事情，卻少之又少。她總是花費力氣在做不該是她做的事情，雖然也想拒絕，但是每次都說不出「不」。只因為她不想別人因此不喜歡自己。

拒絕別人，是自私的表現

「若給別人留下自私的印象，做人豈不是很失敗？」因此，討好者總選擇像聖人一樣無私地去幫助每一個需要幫助的人。即便精疲力竭，但稍有猶豫，心裡就會自責，生出愧疚之意。

在這種邏輯思維的推動下，助人者就如一個不停旋轉的陀螺，不受自己控制地、習慣性地去「討好」那些找他做事的人。我接待過一個女孩子，她說，每次她拒絕別人後，看著別人失望地轉身離開，她就開始自責該那麼狠心拒絕，讓別人不開心嗎？事情雖然很難，但也不是辦不到，她開始自責，讓自己苦點，能換來別人開心，也是值得的。於是，在經過短時間的掙扎後，她終於「繳械」，站起來追過去，對人家說：「我來幫你。」

因為存在著此類種種錯誤的理念和邏輯，老好人們被牢牢困在「討好型人格」的陷阱裡。**他們總是把別人的需求放在最重要的位置，卻忽略了自我的存在。**

不過，也別因為讀了上述的文字，過於擔心自己成為一味討好別人的老好人，遠離熱心助人。在有所疑慮之前，不妨問先問自己幾個問題：

是不是所有請求，都不加選擇地答應？

是不是在想說「不」的時候，卻說了「好」？

是不是非常渴望得到所有人的讚賞和喜歡？

是不是總覺得不幫別人心裡就過不去？

如果以上的回答都是「是」，那麼請你調整一下自己，阻止自己滑向「討好型人格」。只要不過度，贈人玫瑰，手有餘香，做好自己的同時，適時幫助別人，何嘗不是一件能讓別人快樂，自己也開心的事呢？

典型特徵三

害怕和有意避開衝突和競爭

這是一個叫雨薇的女孩子寫給我的電子郵件：

走過二十六年的人生，我覺得自己從來就沒有快樂過。童年的記憶裡充斥著打罵和責罰。父親專橫暴躁，在家裡說一不二，媽媽和我必須事事按照他的要求做，不許有自己的想法和意見。稍有不從，就會招致嚴厲的斥責與打罵。所以，在爸爸面前，我盡力做到言聽計從，低眉順眼做一個乖乖女。

但媽媽做不到事事聽爸爸的，所以我每天都會聽到爸爸對媽媽的斥責，和媽媽對爸爸的反擊。每當這個時候，我心裡就裝滿了恐懼，恨不得把自己變成一隻小老鼠，找一個洞完完全全地藏起來。

我鬱鬱寡歡地盼著快點長大，長大了就可以逃離這個大氣不敢喘的家，就可以自由自在地快樂生活。可是，等到真的長大了，才發現在和周圍的人相處的我，依然還是那個膽小怯懦、百順依從的小老鼠。

大學室友很霸道地把我的行李箱拿開，放上自己的，我敢怒不敢言，只能默默把行李箱挪到自己的床頭。小店老闆把別人給他的一百元假鈔扔給我，譴責我不該這麼坑他，我很想說這錢不是我給他的，別冤枉我。可是，我腦子卻一片空白，一句辯解的話也說不出來。同事上班的時候只顧著大聲講電話聊天，讓我無法集中注意力趕寫文案，我卻不敢流露出一點不高興……

總之，我事事小心翼翼地避免衝突，實在避免不了，我只能選擇沉默和逃跑，然後找個沒人的地方偷偷地哭。除此，我還害怕跟人競爭。有競爭就有勝負，我害怕別人輸了會記恨我，會和我起衝突。所以，我索性拱手相讓，不跟他們爭。因為這樣，無論讀書還是工作，我不知道放棄了多少次獲獎、晉升的機會。

如今，我的婚姻也出現了問題。居家過日子，兩個人朝夕相處不可能沒有摩擦，一有爭執，我總一言不發。老公起初會因為我這樣的反應而更加生氣，他覺得心裡有什麼想法，都說出來，說開了，矛盾化解了，這件事就過去了。可我總沉默以對，明擺著是不願跟他溝通。三番兩次勸說也不見我有所改變，老公漸漸也不再跟我交流，往後一有紛爭我們就各自沉默。我是害怕爭論衝突，以沉默逃避，而老公則是以沉默表達他對我的不滿，表達他內心的怒氣。冷戰的結果就是，我們之間的隔閡越來越深……

這麼多年來，我努力和善、忍讓、寬容，不和任何人爭吵、競爭，只希望營造一份平靜的生活，一個和平的世界。可為什麼那麼難呢？我很羨慕那些被欺負了能跳腳大罵的人，覺得他們率性、真實，能勇敢地做自己，而我彷彿註定了這輩子要卑微、怯弱地走下去……

雨薇如此害怕與人發生衝突，面對衝突不知道如何處理，一味採取忍讓和逃避的態度，來換得人際關係的融洽，這種種表現正是典型的「討好型人格」的特徵。

日常生活中，沒有人喜歡跟別人吵架、爭執，所以大部分人在面對矛盾衝突的時候，首先想著大事化小，小事化了，能忍就忍了，能讓就讓了。但是這種「忍讓」、「息事寧人」和「討好型人格」的「忍讓」、「逃避」是有區別的。

首先，正常狀態的忍讓是不願把矛盾衝突鬧大，寬容待人的修養告訴我們，得饒人處且饒人，多栽花少栽刺。而討好者的忍讓卻是出於害怕、恐懼的心理，如雨薇說的「像一隻膽小怯懦的小老鼠」，在紛爭發生前是時時小心翼翼、如履薄冰；有所爭執時則惶恐不安、忍氣吞聲，或者直接逃避、退縮到無人的角落。

其次，正常心理的忍讓是有尺度的，面對小吵小鬧、小矛盾，難得糊塗，讓一讓就過去了，大是大非或者有傷尊嚴的衝突，則堅決予以反擊。而討好者則不然，他們的忍讓、寬容毫無邊界，他人再過分的傷害，再有違他們利益的衝突和矛盾，他們也很難說服自己憤而反擊。

再次，正常心態下的忍讓是建立在平等交流的基礎上的，而討好者則基於偏誤的想法。他們認為：我若不和善，就沒有人喜歡我；我若不忍讓，所有人就都討厭我。所以，他們內心再憤怒，再有意見，表面也做出謙和的、與世無爭的樣子。

最後，最明顯的區別在於，在正常的忍讓之後，當事人的心裡是輕鬆的，是不以為然的，或者稍有不平衡，簡單自我調節一下，也就放下了。而討好者在委曲求全的忍讓和逃避之後，內心充滿了焦慮、自責、自卑等負面情緒。**他們一面斥責自己的懦弱，厭惡自**

己的退縮，一面卻無力改變習慣性的忍氣吞聲，從而陷入無邊的內耗中。

對於討好者「害怕、有意避開衝突和競爭」的特徵，在心理學「九型人格理論」中，有詳盡的描述。它屬於第九種「和平調停者」，主要特質就是：溫和友善、忍讓、隨和、怕競爭，不懂得宣洩憤怒，不喜歡與人起衝突。總想著避開所有的衝突與緊張，希望和每個人和諧相處，天下太平。在衝突發生時，他們必定避開，做出讓步，把利益留給別人。

特定的環境形成特定的人格。本書後面的章節會詳細分析這種種心理形成的原因，並提出解決的辦法。

典型特徵四

把別人擺在首位，依照別人的期望而行事

前些天和大學同學隋丹邂逅，感慨歲月如梭之餘，聊起一路走來的甘苦。隋丹感嘆地說：「在別人看來，我順風順水讀明星中學、明星大學，畢業後在大都市裡發展得也不錯，稱得上諸事順遂。可我總覺得，這些年自己每做一件事都是基於別人的期望，就像一個木偶，腳在自己身上，可線卻拽在他人手裡。他們期望我往哪個方向邁腳，把線一拽，我就毫無意志地往哪個方向行進……」

隋丹老家在一個山村裡，她是她們家族第一個考上大學、走出大山的女孩子。遵照父母的意願，她選擇了醫學專業，畢業後穿上夢想中的白袍。隨即而來的是，隔三差五會有老家的親戚、親戚的親戚，各路能跟隋丹父母說上話的人，通過他們奔隋丹而來。隋丹說，只要父母給她打電話，張口第一句話准是：「你二舅（大姨、三叔）想到你們醫院去

看病……」接下來她就要忙著去車站接人，再陪著去醫院掛號、看病，請他們吃飯，直到送走，跑前跑後，忙得人仰馬翻，換來一堆的感謝的話，和接下來更多人的造訪。

如果只是找她看病倒也好說，但是誰家孩子想進城打工，幫忙找份工作；誰家遇上事要打官司，幫忙找個律師、幫忙把官司打贏；家裡缺物資，周圍買不到，幫忙在大都市買了給寄回來……彷彿她有通天本領，只要跟她說，沒有辦不成的事。殊不知，只是普通人的隋丹不是萬能的，很多時候她不知道要耗費多少心力，才能把別人請託的事辦成。

講到這裡，我已經聽不下去，忍不住對隋丹說：「妳這多累啊，辦不了的事不要勉強，直接回絕就是了。」隋丹苦笑一下說：「我心軟啊，一想到他們臉上那期待的目光，尤其是父母對我的期待，我就不忍心拒絕他們。我不能讓父母失望。我覺得我一直都是為父母的期望在奔忙……」

「可是，妳這樣總把別人放在首位，為了父母和他人的期望而苦了自己，對自己也太不公平了啊！」我體察到她內心的壓抑、委屈。

「唉，我都習慣了。不光是對父母和親戚這樣，對周圍的人我也是這樣。比如，朋友一起出去吃飯，有人說去吃燒烤，我心裡其實非常希望吃別的，都不會說出來，不想掃了人家的興。再比如，半夜好友給我打電話，哇啦哇啦聊，我這邊睏得睜不開眼，第二天還要上早班，真希望她快點結束通話。可是，我還做出很有興趣聽她說話的樣子。因為這是她期望的，她期望我做她的忠實聽眾，所以我沒有勇氣說，時間不早了，改天再聊吧……」

隋丹這種「永遠把別人的需求放在第一位」、「做事以別人的期望為出發點」的心理，是「討好型人格」的又一典型特徵。

在「九型人格理論」中，這一類型的討好者屬於「全愛型給予者」。他們做事甘願遷就別人，事事以他人為本。也就是說，**總是立足於他人的角度想問題，而非以自我的需求為出發點**。為了幫助別人，為別人做事，寧肯犧牲自己的利益。因為在他們看來，滿足別人的需要，比滿足自己的需要更重要。所以，他們習慣於把別人的需求擺在首位，自己的真實需求則常常被忽略，或者被壓制。

一個人做什麼事情，多為別人著想是值得稱頌的，是維繫人際關係和諧融洽的前提。若事事只為自己想，只把自己放在首位，那是自私、是缺少愛心。可討好者卻走向了另一個極端，當他們瞭解到別人對自己的期望，或者在心裡設定別人希望自己怎樣，便一門心思朝著別人想要的方向去努力，掏空了心思去滿足別人的期望。就像一個聖人，完全為了別人而活著：一心幫助、成就他人，為他人奔波勞碌；或者按照別人期望的樣子，塑造自己，選擇過別人希望自己過的日子。

但這「聖人」的無私只表現在表面，討好者的內心，是充滿了苦痛和抗拒的。他們一面要對他人或者真實、或者自己假想的需求保持高度敏感，一面又在糾結、在抗拒，本能地想停止這種像蜜蜂一樣為他人奔忙的現狀，或者停止按照別人期望行事的生活模式，卻始終停不下來。

不能為自己而活，輕易丟棄自我，這該是討好者最大的內心痛楚。而心理研究顯示，人都有一種「登門檻」的心理，也叫作「得寸進尺」心理。就是說，A如果接受了B的一個小要求，那麼B會在此後再提出一個更高點的要求。

就拿隋丹來說吧，親屬們先是對她有小的要求，比如去她所在的醫院看病，讓她幫忙掛號拿藥，她滿足了這些人的要求。他們便覺得她好說話、能辦事，接下來要求越來越高，什麼找工作、打官司，典型的「得寸進尺」。她呢，也在逐漸習慣這種不斷加碼的要求。這就意味著，討好者如果長期一味地按照別人的期望做事，總是把別人放在首位，那他承擔的期望勢必會越來越多，越來越重。

可以說，討好者若不從主觀上扭轉這種局面，堅定地選擇為自己而活，有餘力才為他人多做考慮，他就得把「老好人」當到底，並最終被他人的期望壓垮。

典型特徵五

不會輕易求人，害怕給別人添麻煩

和「對別人有求必應」、「把別人的要求放在首位」相反的是，討好者從不輕易求別人為自己做事，很害怕給別人添麻煩。如果有人幫了他，或者迫不得已麻煩了別人，他的內心會充滿了不安、愧疚，一定要想方設法幾倍、幾十倍補償對方，惟有如此才能稍感心安。

我和同事小裴去飯店吃飯，他坐裡面、我坐外面，邊吃飯邊推敲新的企劃案，一頓飯聊了兩個多小時，我沒動彈，他也一直沒動彈。吃完飯往外走的時候，他一溜煙小跑步衝向洗手間，一看就是忍了很久的樣子。待他回來我開玩笑說：「你這麼珍惜和我交流的時間啊，連去廁所的時間都沒有。」

小裴撓撓頭，有些難為情地說：「您坐在外面，我如果出去，還得麻煩您站起來，給我讓道。我實在不好意思麻煩您。」

我笑說：「你也太客氣了，這叫什麼麻煩啊？」

小裴很認真地說：「當然是麻煩啊！我會很不安的，所以乾脆就忍著。」

「那你吃飯過程中，還忍了什麼呢？」

「想拿醋，但拿不到，我也不好意思站起來，怕您看到會伸手幫我拿，所以到最後也沒拿到那瓶醋……」

「看來是我們的關係不夠親密啊，你跟我這麼生疏。」我打趣道。

小裴趕緊搖頭：「不是的，我跟誰都這樣，我從不願給別人添麻煩。」

我的一位朋友張瑾也有同樣的心理，她跟我講述她最經典的「害怕麻煩」的橋段：去商場買衣服，不敢隨意試穿，因為試完了之後即便不合身不滿意這衣服，她也做不到放下衣服走人。因為在她看來，整個試衣過程中，她那麼麻煩門市人員忙前忙後，如果不買下這件衣服，就是對不起人家。所以，試穿的結果只有一個，那就是掏錢結帳。她也為衣櫃中那些並不隨心的衣服苦惱，屢屢告誡自己，下次如果試穿不滿意，說什麼也不能買。可當她真的把衣服掛回衣架，對服務人員說「不好意思，我再看看」時，濃濃的愧疚感幾乎把她的心淹沒了，她都不敢直視對方的眼睛。受不了這種內心的折磨，再置身相同情境時，她還是妥協於掏錢買心安。

劉強則苦惱於女友的「故作堅強」。他說，他和女友戀愛兩年，女友經歷過幾次大大小小的打擊和傷痛，比如被裁員、父親去世……劉強知道，這種事發生在誰上，都會痛苦不堪，都會渴望得到最親密的人的關愛和安慰。可是當他靠近女友，準備送溫暖的時候，對方卻把他推開，一副「我沒事」的樣子。劉強說，怎麼可能沒事呢？她只是不願意讓別人分擔自己的痛苦，總想著一個人去承受，一個人去扛。

劉強有些傷感，覺得女友在情感上不依賴他，沒把他當作最親近的另一半。但女友說，她對誰都只展露自己開心的一面，一直以來負面的情緒都是自己消化。就算對父母，她從小到大也都是只報喜不報憂。她從小一起長大的閨蜜也說，她呢，煩心事從不往外掏。這一點也讓閨蜜挺惱火的，覺得她不夠信任姐妹。其實，她只是不願意讓別人為自己擔心、操心，總之，就是不願給身邊的人添麻煩……

其實，很多時候，我也會為「給別人添麻煩了」而不安。一般人大多秉承「自己能做好的事，絕不麻煩別人」的做事原則，儘量不給別人添麻煩。有的人是覺得自己很強大，無需求助人於人，內心是滿滿力量和信心。可對於諸如上述案例中的人來說，時時處處都在刻意避免「給別人添麻煩」，並且頭腦中刻著如下兩條「鐵律」，就可鑒定為「討好型人格」了。

1. **不求人，不給別人添麻煩，是源於一種不配得感。**就是說，無意識地抬高別人，貶低自己，自我價值感很低，覺得自己不配得到別人的幫助。所以，遇事沒有勇氣開口求助於別人。若得到了別人的幫助，會受寵若驚，覺得自己承受不起別人的幫助，對此很過意不去，覺得虧欠別人太多。

2. **會有「麻煩了別人，別人會不高興」的隱憂。**去洗手間讓別人站起來讓道，對方會不會不高興？試了衣服卻不買，服務人員會不會生氣？把自己不開心的事傾倒給別人，人家會不會煩？這些想法驅使當事人為了避免別人不高興而「不給別人添麻煩」，寧肯自己強撐著、獨扛著、委屈著。

其實，不是什麼事情都是可以一個人解決的。「一個籬笆三個樁，一個好漢三個幫。」這世上找不到一個人，從來沒求過人，從來沒被別人幫助過。所以求助於人，麻煩別人，是主觀上想避免也避免不了的，必然發生的事情。**討好型人格的人要做的，不是努力不求人，不給別人添麻煩，而是要讓自己明白，人與人之間生來就是相互幫助，相互麻煩。**今天你麻煩了別人，明天你再為別人排憂解難。適時表達對他人的感謝之情，適時幫助曾經幫助過自己的人，這樣就好。不安、愧疚、自責、擔心，就放下吧。

典型特徵六

凡事都說好，不發表不同意見

「對，對，您說得對。」

「是，是這樣的，我也是這麼想的。」

「好、好，挺好的。」

這應該是「討好型人格」呈現在外，最易識別的語言符號，而且這一個群體極其龐大。其中最典型、知名度最高的代表人物，當屬東漢末年的名士司馬徽。

《三國演義》裡的司馬徽，學識廣博、知人明世、善於識才鑒才又清高脫俗，深受劉備、諸葛亮、龐統等人敬重。但坊間流傳有關他的一件軼事，非常形象地詮釋了「好好先生」的定義，以至於使他成為這一名詞的締造者和代言人。

相傳司馬徽從不說別人的短處，和別人說話的時候，不管對方說的是什麼內容，都一概回以好話。別人向他問好，他說：「好」，有人跟他說自己的兒子死了，他居然也說：「好」。他妻子忍不住責怪他說：「人家認為你有德行，才把自己兒子的死訊告訴你，你不但不安慰，怎麼反倒說好呢？」結果，司馬徽說：「如卿言亦大好。」

我們稍留心，就會發現，像司馬徽這樣的「好好先生」遍布我們的周圍，或者，你也置身其中。若偶爾出於某種隱衷，隱下自己的真實想法，隨了別人說一句「好」、「對」，當然是無大礙的。可若是終日、隨處都選擇隨聲附和，迎合別人的意思說話，那就會淪為典型的「好好先生」了。

行文至此，我又想起蔣方舟。不記得那次看的是什麼電視節目了，邀請的嘉賓裡有蔣方舟和徐靜蕾。節目中，嘉賓就某一事各自發表觀點，並不時因為不同意對方的觀點而產生爭論。我注意到，徐靜蕾自信、獨立，不但清晰地表達自己的觀點，而且直言快語地和其他嘉賓爭論、碰撞，既不失本真又不傷和氣。而蔣方舟則像個維護現場和平氛圍的工作人員，忙著迎合每個人的觀點，照顧每個人的情緒。在別人激烈爭論的時候，顯得不知所措，只說一些不痛不癢的話，毫無自己的觀點。

蔣方舟在談及自己的「討好型人格」時說，從小到大，她就不會跟別人爭論，更不會跟人吵架。內心裡有不同意見，她也只是保留在心裡，嘴上說的都是迎合別人的話，久了，在別人面前，自己就像一個諂媚的人。

是的，「討好型人格」從不說「反對」的話，問題本質就是，並不是他真的認為什麼都好，天下大同，無是非對錯、無醜俊善惡，沒有反對的理由；也不是他沒有思辨能力，沒有自己的想法，滿心歡喜、心甘情願地追隨著別人的意見。他的內心咆哮著千萬個「不對」、「不好」、「不可以」，但出於「討好」心理，說出口的話就成了「好好好」、「是是是」。

現在，我們來歸結一下，這從不說「反對」話的「討好心理」的幾種具體表現：

• 從不反駁和自己相異的觀點和言論

內心有很多不贊同，但總是假裝同意別人的說法。即便別人做錯了，也不指出來。這種「討好」表現基於不自信，沒有勇氣展露真實的自己，不敢表達自己內心真實的想法，總擔心反對別人的意見會被人譏笑。

‧總是迎合別人的喜好行事

這種「討好」表現，赤裸裸地是為了討別人高興。別人喜歡的事，哪怕我不喜歡，我也做。因為我做了，別人會喜歡。**背後的根源是對他人情緒的過於看重，對人際和諧的過於依賴。**

譬如，有些女孩多年來買了好多自己並不喜歡的衣服，原因是，每次和姊妹們一起逛服裝店，閨蜜總按照自己的審美標準推薦她衣服，熱心請她試穿，然後稱讚她穿著多麼漂亮，而她呢，覺得那衣服並不適合自己，但看著閨蜜從頭到尾熱情洋溢、興高采烈的樣子，就想，若我說不喜歡，閨蜜肯定不高興。於是，便默默付錢收進包裡。一來二去，衣櫃裡掛滿了按照閨蜜的喜好買回來的衣服。

‧低眉順眼做強勢者的應聲蟲

在職場上不少這樣的人，對同事與上司所說的話言聽計從，事後儘管背了黑鍋，也不敢爭辯。在家裡也是，父母、兄弟姐妹的話都是對的。婚姻中，若對方比較強勢，他便自然而然成為順從的「討好者」。這種「討好」表現基於對權威的畏懼。

• 不求曲直對錯「與人為善」的處世原則

什麼人都不得罪，什麼事都好說、好辦。任何時候都是一副和氣、謙讓、沒脾氣的模樣，你好、我好、大家都好，典型的「老好人」。

綜上所述，無論基於哪種心理，**什麼都好的「好好先生」骨子裡對人際關係都缺乏應有的安全感，他們盡力迎合所有人，不發出與別人不同的聲音，以獲得看似融洽的人際氛圍**。可如此自我犧牲、自我壓抑、自我傷害，從來不敢表達自己的真實觀點、喜好和感受，其內心承受了多少負面情緒，想想都覺得可怕。

典型特徵七

認同感來自外部，關注在自身缺點上

剛點開社群媒體，就看到幾個網友互相攻擊的對話，覺得挺有意思。有人曬自己的寵物：一隻其貌不揚的狗，下面惡狠狠的留言排山倒海而來：「你這審美，也太可怕了。」、「你看著它不覺得噁心嗎？」、「會不會被自己的狗嚇得睡不著覺？」大有把人心扎碎而後快之意。可PO文的人，卻很有力量的一一反擊：「我喜歡，關你什麼事？」、「看著你，才知道什麼叫噁心，才知道我家毛孩實在可愛得不要不要的。」、「嚇著你了啊？不好意思，我是故意的。」回文飄蕩著強勢的氣場，強大的自我，強悍的內心。

我把這些對話轉發給一個深受「討好型人格」折磨的朋友看，他發了一串「哇哇哇哇哇」給我，說「太崇拜他了！」因為他剛剛也經歷過類似的事情，但他的反應是，默默把PO文下面的評論刪除了，還很難過地跟我說：「我丟人了，糗大了，被那麼多人笑話。」

同樣是被人否定，內心強大的人選擇繼續做自己，毫不客氣地回擊；而「討好型人格」的人，則會覺得自己的確做錯了，然後立即修正自己，按照別人的評判標準去做。**他們缺乏自我認同感，自己是好是壞，做事是對是錯，全看別人怎麼看。**需要通過外界的肯定來獲得認同感。所以，為了被外界認可，為了得到好的評價，他們下意識地努力迎合別人的想法，討好別人，努力樹立自己在他人眼中的美好形象。

有的討好者甚至連擦肩而過的陌生人看他的目光，都十分在意。哪怕在公車上、圖書館裡，他都時時繃緊了神經，生怕哪裡做得不妥當，而被週遭的人斜視、白眼。平時就算喝水被別人看了一眼，也會覺得很尷尬，心裡會難受好長時間。就連哲學家齊克果都難跳出「太過在意他人對自己的看法」的泥沼，認為「一句玩笑話都可以將自己摧毀」，何況我等凡俗之人。

過於在意別人認同的同時，討好者對自己的關注只集中在自身缺點上。和別人發生衝突，他總覺得錯的是自己，所以先道歉的一定是他；競爭中敗給別人，他會覺得理應自己輸給別人，贏了他反而會心裡不安，會擔心別人說他作弊；工作上出現什麼紕漏，無論是不是他的責任，他都不由自主地自責，認為是自己沒有做好。

小陸就是這樣一個女孩子。她平時說的最多的就是道歉的話，無論是不是自己的錯都願意先說「對不起」。別人撞到她了，明明是對方的錯，可她不假思索地說：「對不起。」同事開玩笑說，假如我不小心踩到你的腳了，你是不是會說：「對不起，耽誤您的腳落地了。」

有一次，她所在的小組共同做的一個文案出了點問題，但出問題的部分不是小陸負責的，跟她一點關係都沒有。主管開會時以這件事來檢討他們小組，小組其他成員都不吭聲，唯獨小陸站起來說：「對不起……」結果，其他人沒事，她被扣當月獎金。主管以為錯是她犯的，而真正犯錯誤的那個同事見她主動攬責任，根本不肯站出來替她澄清。後來知情的人都替小陸叫屈，可小陸說：「我也是起草文案參與者之一，如果當時我再用心一些，或許就會避免這個錯誤，所以我是有責任的。」

對外求認同，對內看缺點，很多人就這樣遠離真實的自我，將一顆心釘在了「討好」的十字架上，精神上不得自由。事實是，沒有人能獲得所有人的認可，我們費盡心思迎合這個人，聽到他說「你是對的」，身後可能隨即飄來另一個人的聲音：「你這樣不對。」兜轉之間，徒增煩憂，浪費生命。

眼睛只盯著自己的缺點，自然而然降低自己的價值感，凡事無形中就覺得比人矮一截，想不「討好」別人都難。就如《芳華》中的劉峰，內心覺得自己不如人，設了一個「討好」的人設，所以別人吃完整的餃子，他卻覺得自己就該吃碎了的餃子。

對與不對，好與不好，站在不同的角度，評判標準也不一樣。我們是怎樣的人，我們該怎樣做事，不由別人說了算，而由自己說了算。因為只有我們自己，才是自己靈魂的主人、人生的主宰。

不記得是哪位哲人說的一句話：**「我生命裡最大的突破之一就是我不再對別人對我的看法而擔憂。」**但願「討好型人格」的人通過努力，也能實現這一突破，率真地去做自認為對的事，去做那個讓自己喜歡的自我，而不必在意外界的肯定和認同。

回到本小節開頭，我欣賞朋友說的那句話：「我喜歡，關你什麼事？」自感太過依賴外界認同，只關注自己缺點的朋友，不妨試著說一句：「我就這樣，關你什麼事？」

「好好先生」是多種矛盾心理孕育的產物

實際上，每個人作為獨立的個體，其獨特性決定了人格的千差萬別。也就是說，每個人都具有不同於別人的人格。具體到「討好型人格」這一特定人格，在每個人的身上，表現出的行事風格也不盡相同。有的人和其中某一點吻合，有的人集中了很多特點。記得有一個女孩子，在詳盡瞭解了討好型人格的種種表現後，驚呼：「幾乎每條都在說我！」還有的人就像一個矛盾綜合體，有時候十分迎合別人，有時候又會堅持己見。究竟該如何來鑒定自己，是不是屬於「討好型人格」呢？

作為群體動物，人的整體性決定了人與人之間在心理和行為上是存在共性的。所以，我們不妨試著從分析「老好人」這個群體的心理特點入手，再深入瞭解一下「討好型人格」的內在特徵。

• 善良

「討好型人格」的人無一不與人為善。他們對誰都帶著善意，因為善良，特別在意別人的情緒，見不得別人不高興；因為善良，對別人有求必應，說不出拒絕的話；因為善良，對衝突和競爭採取避讓的方式，與世無爭；因為善良，不輕易造成別人的困擾；因為善良，總順著別人的意思說話辦事……而且，他們的善良常常是無邊界的，是「氾濫的」，**善良到完全忽略自己，甚至不惜犧牲自我，只大公無私地替別人著想。**

比如《芳華》中的劉峰，自己拿命掙來的上大學的機會，看到別人也需要，出於善良之心，就拱手把這個機會送給了別人。用「委己愛人」四個字來形容討好者的善良，再恰當不過。

• 敏感

敏感也是「討好型人格」普遍具有的心理。他們對別人的內心體察能力遠遠超越常人，總能敏銳地察覺出，或者自認為察覺出別人內心的想法、情緒的細微變化等。有一次我跟一位高敏感的女孩通電話，正常說話間，我眼睛瞄到我女兒犯睏了，條件反射下，我下一句話立刻調降了一點點音調，但隨即又恢復正常分貝。這細微的異樣，我自己都沒察覺到，可電話那邊女孩馬上說：「您是不是不方便說話？不然我們改日再談？」我說：「沒有不方便啊。」她說：「我聽您剛才的聲音忽然小了一些，是不是身邊有人休息，或者您在開會？」我不由得在心裡打了一個驚嘆號。

● 脆弱

討好者內心往往很脆弱，缺乏安全感、存在感和價值感，於是他們外求於人，希望從外界對自己的認可中獲得這些。所以，抱著討好的心，努力樹立自己完美的形象。可因為內心的脆弱，他們常常陷入患得患失、焦慮不安的情緒中，擔心被別人拒絕，不敢拒絕別人；害怕和人發生衝突，破壞自己老好人的形象，害怕別人因為自己不高興，對自己評價降低等。「討好」的傾向便在這種種負面情緒中越來越嚴重。

●自卑

很大部分的討好者深受自卑心理的控制，因為自卑，潛意識裡總認為自己不如別人，所以沒有勇氣表達自己不同於別人的觀點，不敢堅持自己的想法和意見，也不願意被人注意，所以唯唯諾諾，什麼都是「可以啊」、「我都好」，盡可能迎合、順從別人的想法。這一心理對討好型人格的促成作用，在接下來的章節中會有專門具體的分析，在這裡就點到為止。

●自責

討好者太容易自我批評，常常自責，愧疚。只要出現不如意，無論事情跟自己有關無關，都覺得是自己的錯。他們頭腦中固有的觀念是：如果我能做得好一點，就不會這樣。和那些出了事本能地把責任往外推的人相反，他們很自然地往自己身上攬。就算別人因為八百里外的人生氣不高興，他也會覺得是他哪裡不對，讓對方生氣了。

前幾日，我真真切切地感受過一回討好型人格的自責心理。鄰居家的女孩霖霖學習古箏，老師常帶她出去表演，希望能讓她多多練習。這次據說是個很隆重的晚會，一般人進不去，老師費盡心思幫她爭取到上臺的機會。但在排練的時候，老師告訴她，為了安排她上臺，因此主辦方把原先要表演的另一個女孩替換掉了。為此，建議她最好準備一份厚禮，去感謝一下晚會負責人。

霖霖頓時高興不起來了。她來問我：「我成全自己，卻傷了另一個和我一樣的女孩子，而且還是靠賄賂、送禮換來的機會，我不想去了，可以嗎？」

我說，當然可以，只要自己不喜歡，就可以不去。現在告訴老師，也不耽誤他們排節目，也沒給他們帶來什麼不便。

可霖霖遲疑：「我怕老師不高興，他費好大勁爭取的機會，我卻要放棄……」

我勸慰她，老師若一時有情緒，也是正常的，畢竟他的確為此花了很多心思。不過，真誠地向老師道歉，說明自己的想法，老師會理解的。小姑娘點點頭，說回去考慮一下。

可第二天小姑娘愁腸百轉地來了，說她跟老師說了，但老師跟她講了很多道理，堅持要她去。「我實在不忍心讓老師失望。」我看她難受的樣子，就勸她，不然你就去吧。想不到小姑娘對我說：「可現在我又覺得對不住您，您那麼支持我不去，我若聽了老師的話，最終選擇去，豈不是又讓您失望了？」這話瞬間讓我從心裡疼惜這個女孩子，本是雞毛一樣的小事，在她心裡，卻是山一樣重的負擔。

看看，討好型人格的人，在和善、好說話、沒脾氣、順從、有求必應等外表下，掩藏著種種矛盾複雜的心理。如果您不存在諸多心理困擾，那麼恭喜您，免受這「討好」的累。若您不幸中槍，也別擔心，這本書就是為您而寫的，接下來的章節讓我們一起深入探討打破它的方法。

Part 2

剖開老好人思維邏輯，撕開偽裝的形象面具

討好者之所以會像上癮一樣不斷討好別人，其行為背後隱藏著一個最大的動機：期望他所討好的對象，能夠給予他相應的回報。這就是所謂的互惠原則：我對你這麼好，你應該也會對我好。

正是這種錯誤的思維邏輯像旋渦一樣把自己捲入巨大危機，難以自拔。有時不妨站在別人的角度審視一下自己，我們會更加看清面具下面的自己——我們會被自己的討好震驚，驚訝地發現自己原來如此可笑。

用委屈換取自己想要的東西

一個總是哭鬧的小孩子，聽到媽媽說：「你如果不哭，我就給你糖吃。」為了吃到這顆糖，他忍住心裡的千般委屈，擦乾眼淚，停止哭鬧。

一個經常調皮搗蛋犯錯誤的孩子，屢屢被媽媽訓斥，直到媽媽說：「你再不聽話，我就不要你了！」為了不被拋棄，他努力管住一顆好動貪玩的心，做個聽話的孩子。

一個長期默默成長，被父母忽視的孩子，偶然發現只要自己每次考試得第一，爸爸就會摸摸他的頭，媽媽會對他笑，誇他真棒。於是，為了經常感受到這種溫暖，他拚命學習，每次都考第一。

一顆糖、不被父母拋棄、爸爸媽媽的關愛……這些孩子們為了想要得到的東西，需要壓抑自己真實的內心和天性，只要按照父母的要求，迎合父母的喜好，去做父母心裡希望的那個乖孩子、聽話孩子，便可以得到。久而久之，孩子們就會形成一種慣性思考，那就是：用討好、取悅父母的模式來換取自己想要的東西。直至長大成人，自己早已經不是小孩子了，真實地表露自我、靠自己的能力一樣可以獲得自己想要的東西，可這種用「委屈自己換取自己想要的東西」的思考模式已經固著，討好型人格已經形成。

於是，當他內心孤獨，自我認同感很弱，渴望得到別人的喜歡和認可的時候，他便竭盡全力去對別人好，放棄自己內心真實的喜好去努力迎合別人，犧牲自己的利益而對別人的要求有求必應，從而在大家眼裡樹立一個美好的形象，換得別人說一句：我喜歡你，你這個人真是不錯。

當他內心缺乏安全感，渴望得到穩固的人際關係，希望得到尊重和理解的時候，他便處處寬容、忍讓，盡力避免衝突和不愉快，並且事事理解別人，從別人的角度出發去想問題。哪怕自己心裡充滿了委屈，也要先滿足別人的需求。因為在他看來，只有這樣，他才能換來他需要的人際和諧，換來別人對自己的好。

在討好者這種拿委屈換取心理需求的背後，潛藏著三個錯誤。

1. 我很弱小，沒有足夠的力量獲得我想要的東西

在討好者的心裡，他們不自知地把自己當作那個需要壓抑自己討好父母的孩子，認定自己沒有足夠的力量通過正常的方式去獲得自己想要的東西，必須像小時候那樣，委屈自己，討好別人，才可以達到目標。

2. 我只有照著別人喜歡的樣子去做，才能換來我想要的東西

我對你好，你才會對我好；我想得到你的尊重，我就必須無底線地尊重你；我不和你爭，你就也會讓著我……他內心越是渴望別人怎樣對他，他就會越沒有邊界地如此去對別人。可現實中卻常常是，他掏心掏肺，委屈自己成全別人，並沒有換來自己想要的，結果受傷害感層層積累、幽怨重重，也只能在心裡弱弱地問對方：「你怎麼能這樣對我呢？」

3. 我不能要求別人什麼

因為是自己需要的，必須委屈自己去換取，自然不能直截了當地去索要。基於這種信念，討好型人格的人從不主動提出自己的需要，也不清晰說明自己想得到什麼。要他直接說出自己內心的需求，實在是太難張口了。縱然心裡有再多再強烈的渴求，縱然對方是自己最親近的父母或者伴侶，也只是默默付出，以期用委屈自己，取悅對方的方式來換取。

就像一個對霜淇淋充滿渴望的小孩子，口水都要流出來了，也不敢直接對父母說，我想吃。只是一味討好父母，順從父母，等著他們說：「你這麼乖，給你買霜淇淋吧。」可成人的世界裡，我們若不表達，誰會主動來滿足我們內心的需求呢？

一個來訪者跟我說了一個故事。因為工作性質的關係，公司規定上班時間辦公室裡不能沒有人，所以他們同辦公室裡的三個同事總需要輪流去吃午飯、午休。每天這個時候，三個人會簡單交流一下，誰先去吃飯，誰先去休息。今天同事A很直截了當地說：「我先去吃飯，我都快餓死了。」

明天同事B撒著嬌說：「哎呀，我今天先去睡一會，頭好痛。」只有她從來不發表自己的想法，都是那兩人定下來自己的時間後，她依據兩人的情況被迫安排自己何時吃飯何時休息。很多時候，她是有渴望的，比如也想早點或者晚點，但她說不出口。內心裡也有期望，她每次都依著那兩位先定，他們是不是也回報她一次，問問她：你想什麼時候吃飯？你先來選吧？但一次都沒有。他們早就習慣了她可以被安排，因此從來沒有人關注過她內心的真實需求。

每個人都渴望得到別人的關心、肯定和喜歡，都希望通過努力建立和諧的人際氛圍，可是靠委屈自己去換取，非但換不來自己想要的，還會遭受更大的委屈。人的心理是很微妙、很複雜的：我們的第一次討好會讓對方受之不安，想著回報我們一下；但我們多次討好之後，對方便習以為常，覺得理當如此；若我們停止討好，反而會換來他的不滿：你怎麼不對我好了呢？

討好者該如何打破這些錯誤的邏輯和信念？如何正視和尊重自己的內心需求？在本書後面的章節中，會有進一步的闡述。

博得他人另眼看待的心理補償

在一個有多個孩子的家庭裡，父母把疼愛和寵愛給了最大和最小的孩子，處在中間的孩子，常常被父母無意識地忽視掉。常常安靜地看著比自己大的、比自己小的其他孩子，在父母面前撒嬌、耍橫，看著父母寵溺的目光掃過他們的背影，溫暖的手拂過他們的頭頂……

在公司裡，如果業績平平，無論怎麼努力突破，也總被忽視。因為沒有其他特長和技能，在尾牙春酒上，別的同事唱歌、跳舞、彈鋼琴，而你只能當觀眾。很多時候，同事們看你的眼神都是飄忽的，只做片刻停留便投向了別處。主管更是視你為空氣，只在年度檢討時，目光從名單裡掃過，想著原來公司還有這樣一個員工……

若你此時正置身類似上述的環境中，該如何面對？我也常拿這個問題來問自己。我想我如果是那個被父母忽視的孩子，我會努力自己照顧好自己，在心理不平衡的時候，朝著父母跺腳：「你們偏心！」在覺得自己被冷落的時候，蠻橫地喊：「我也要，我要跟他們一樣！」甚至故意闖禍、惹亂子，以引起父母對我的注意。

如果我是公司裡那個業績平平、能力平平、坐在角落裡不起眼的人，我會想辦法提高自己的業務能力，去學習、去充電，找到突破瓶頸狀態的途徑和方法，或者做個兼職，學點自己感興趣的小技藝，把業餘的時間利用起來，讓人生有所突破。

而同樣的境遇擱在「討好型人格」的人身上，他們卻是這樣做的：為了引起父母對自己的關注，他盡心盡力地去做他們喜歡的事，說他們喜歡聽的話。像個小天使一樣安靜地待在一邊，看著兄姐弟妹打鬧，在父母面前撒嬌耍橫，甚至幫著父母滅火，去安撫看起來沒他懂事的其他孩子，只期盼聽到父母說一句：「你最乖，你是家裡最讓我們省心的孩子。」如此，他心裡就覺得很欣慰。

而在公司，他會盡力討好每一個人，去幫這個同事泡咖啡，幫那個同事發送公文，總之，只要他能做的，總是不遺餘力、不計條件地去做。只為了引起同事對他的看重，而不是把他當空氣。當人們總是需要他的時候，總要他做這做那的時候，他心裡是欣慰的，因為他找到了存在感。正如小品《有事您說話》裡的郭子，因為不受大家重視，「分帶魚自己拿的是最窄的，分蘋果，我拿最爛的，好不容易分本掛曆，我缺倆月。」如何才能讓別人瞧得起自己呢？自己是要啥沒啥，只好到處跟人說：「有事您說話。」極其熱心地幫別人做這做那。「我要是不再上車站幫別人買兩張車票，誰瞧得起我啊？」正反映了他靠討好別人求得心理補償的心理。

所以說，在討好者心裡，討好別人、博得他人對自己的關注、認可，可以彌補其他方面的不如意帶給自己的缺憾感。也就是說，他們把做好事、幫助別人、討好別人，當作一種博得他人另眼相看的心理補償。在這種錯誤理念的指引下，**個人價值感越匱缺，存在感越弱，他們越是強烈地、不知疲倦地去討好別人。**

電影《芳華》裡的劉峰，就是在這種錯誤心理的作用下，一步步在取悅別人的路上迷失了自己。在原著中，劉峰出生於農村，父親是個木匠，可以說是家境貧寒。而他自己呢，相貌平平，身高不過一百七十公分（電影裡的演員找的不太符合原著裡的形象，比文字描述的劉峰要高和帥得太多）。

當他來到文工團，躋身於官二代、富二代以及顏值都很高的這麼一堆人裡，他自感出身低微、人微言輕，毫無存在感。為了博得他人對自己的另眼相看，得到尊重，他拚命討好每一個人，不斷去付出、去犧牲自我，乃至把自尊放低到塵埃裡，把自己的需求全都扔到一邊，漸漸把自己塑造成大家眼裡的大善人，得到周圍人嘴巴上的認可和讚揚。可是，我們看到，這種討好換來的表面的「肯定」和「贊揚」，並沒有給劉峰帶來他想要的接納和認同。他的結局淒慘得讓人心痛。

由此可見，期待以討好獲得心理補償的錯誤想法，不但會讓期望落空，還會讓討好者內心受傷。因為，這種討好，首先是會讓自己處於一個卑微的地位，拿討好、迎合別人換取別人對自己的讚揚、肯定，以獲得心理補償。

雖然表面上的確會換來他人的感謝和肯定，可是，內心裡那種仰視別人而同時產生的卑微感，是壓抑的、沉鬱的。尤其當這種迎合需放棄自己的利益、違背自己真實的願望、壓抑自己人格時，自然就更不快樂了。

其次，那些接受他討好的人，會由最初的感謝、讚揚漸漸得寸進尺，當他的付出一點點成為別人眼裡的「理所當然」，他無論怎麼討好，也換不來他心裡想要的，更起不到心理補償的作用，那麼，他的內心該承受怎樣的絕望和痛苦呢？

內心空虛，外求關注填充

「討好型人格」的人，內心大多空虛，那是一種怎樣的感覺呢？心理學家阿瑪斯（A. H. Almass）創設的「坑洞理論」（the Theory of Holes），詳細闡述了內心空虛的定義，以及個體的內心體驗和表現。

一般來講，大部分人內心都有所謂的「坑洞」。阿瑪斯定義的坑洞是指，我們無法感知、覺察、意識到的本體的某些部分，比如愛、價值感、安全感、自信、與人聯結的能力等，當我們感受不到這些的時候，我們內心就會有一種空空洞洞的感覺，或者說匱乏不足、空虛。然後，就會通過各種途徑想各種辦法來填滿這些空洞。

對於「討好型人格」的人來說，他能想到的辦法就是拿外在的東西，比如別人對自己的肯定和讚賞來填補空洞。就好比手拿一個空罐子，想把它填滿，就把手伸向別人，不斷向周圍的人索要，請求別人來幫自己填滿這個空罐子。索要的東西多種多樣：自卑的人希望得到讚揚和褒獎，缺乏愛的人渴望得到關注和愛。總之，那個空洞需要什麼，他們就索要什麼。他們內心回蕩著：

「我需要你的肯定！」、「我想要你的讚美！」、「能給我一句讚賞的話嗎？」並在這些話的驅使下四處奔忙著。

當他用討好的行為果然換來別人的關注、讚賞和肯定，並且內心的空虛感就此得到削弱時，他會覺得自我價值感大增，內心充盈，因而會對別人投以更大的熱情。因為在他看來，是因為別人的欣賞才讓自己覺得不空虛了，才讓自己發現自己的價值和存在的意義了，所以，他會更加討好那個填補他內心空洞的人。

可是，這種交換的關係是不穩定的。當他付出了討好的心，卻並沒有討來想要的關注，空虛感便會增大。隨之而來的，還有受傷害感、悲觀失望等。

事實上，**絕大多時候，討好者都是在承受這種討而不得的失望情緒的**。因為沒有人能真正填滿他內心的坑洞，也沒有人能持續穩定地不斷給予他需要的關注、肯定和賞識。當別人停止對他的關注，「補洞行為」暫停，他內心的空洞感就會強烈浮出，痛苦也就隨之而來。

為了抑制這種空虛感，討好者會繼續尋找下一個「補洞者」。於是，從外在來看，他就如同上癮一般，去討好身邊的每一個人。而內裡的實質是，持續的空虛感推動他努力地在做他的「補洞工程」。討好別人，只是為了滿足自己。

如果討好者不能從內正視內心的空虛，不能靠自己的力量去填滿心裡的坑洞，那麼他可能一生都要在「尋找、討好、滿足、幻滅」、再「尋找，討好……」的無限循環中，戚戚然地度過，直至終老，內心的空虛也不會消失。

有一部日本電影叫《令人討厭的松子的一生》，劇中主人公松子，就是在不斷重複「尋找、討好、幻滅」的模式中度過自己短暫的一生，看後讓人唏嘘不已。

小時候，因為父親把全部的愛都傾注在久病臥床的妹妹身上，松子的內心極度缺乏愛，也極度渴望得到愛。偶然間她做了一個鬼臉，讓爸爸難得對她笑了一次後，松子就不放過任何機會用這樣的鬼臉來逗爸爸笑，來換得爸爸對自己短暫的關注。

成年後的松子，內心因為缺少關愛而出現巨大的坑洞，強烈的空虛感促使她懷著如討好爸爸一樣的心態，去討好每一個走進她生命的男人，以期換取對方的愛。

因為愛情在她那裡首先是建立在拿討好來換取的心理基礎上，所以她的每一段愛情都扭曲而痛苦。更讓人心痛的是，她飛蛾撲火、不加選擇、不顧一切地奔向一個個男人，卻沒有碰到一個珍惜她的。

因為太過渴念，因為卑微討好，她把每一個走近她的男人當成救命稻草，可那些男人只看到了她的討好，卻讀不懂她視愛為生命的傾心。

她一次次全身心的付出，換來的只是暴力、欺騙、傷害和拋棄。但即便遍體鱗傷，她依舊堅定地認為：「那也比孤單單一個人好。」可見松子內心對關注、對愛的渴念是何等的熱烈。只要有人在她身邊，給予她所謂的「愛」，哪怕被摧殘，她也心甘情願。

每當身邊的人離她而去，內心的空虛感失去了填充的來源，她便遁入孤獨的黑暗中，內心世界一片荒蕪。

可縱然如此百般忍耐和委曲求全，苦苦追尋了一生的松子，最終也沒能找到自己想要的愛，五十三歲時，她孤零零地離開了這個世界，走完了自己「被嫌棄的一生」。

愛從來不是靠無條件的討好換來的，自我價值感、認同感、自信、安全感等，這些都不能靠討好來換得。別人接受了討好，作為回報送上的一句讚賞和肯定，暫時讓內心的空虛感隱遁，這只是假象，如曇花般易逝。

自己才是自己真正的救世主，所以當我們意識到內心的空虛，意識到自己朝別人伸出了空著的罐子，請把手縮回來，把它朝向自己的心。當我們用自救的方式，從內生出「寶石」，填滿自己的空罐子的時候，那份充盈感才會持久、穩定，而非稍縱即逝。這就是自主的力量。自己能夠給予自己，何苦索要，又何苦討好別人呢？

處於弱勢地位時的生存之道

一個叫朱輝的來訪者向我講起他的心路歷程。他說，他是家裡年齡最小的，上面還有兩個哥哥，但兩個哥哥從來不因為他是弟弟而呵護他、照顧他。相反，常常利用身體上的、年齡上的優勢欺負他、控制他。

記得每次爸爸媽媽給他們三個分零食，本來每人均等，可是爸爸媽媽一轉身走開，兩個哥哥就蠻橫地過來搶他的。還有好玩的，也都要先等他倆玩夠了，不稀罕了，他才能摸得著。他和他們鬧過、打過，都以慘烈的失敗收場。大哥一邊揍他一邊說：「認輸，就給你。」他不得不屈服，做出投降狀：「我再也不敢了，別打我了。」於是，大哥就放過他，然後扔一點好吃的給他。漸漸地，他就徹底放棄了硬來的方式，習慣了用討好來達到目的。「哥哥，我什麼都聽你的，你給我一點好嗎？」於是，零食拿到手。「哥哥，你叫我做什麼，我就做什麼，你讓我玩一下好嗎？」於是，哥哥把玩具讓給了他。

「那時候，我就覺得這個辦法真好，太管用了。」朱輝自嘲地笑。等他長大了，上大學的時候，同寢室的幾個男孩子不知道為什麼有些排斥他。他們去吃飯去打球什麼的，吆喝一聲就齊刷刷地都走了，沒人叫他一起去。齊輝內心充滿了挫敗感，為了融入他們，他拿出小時候討好哥哥的招數，去討好室友，殷勤地幫他們買飯、裝水，替他們抄學習筆記，甚至有時還幫他們洗衣服。

「後來他們果然做什麼事都叫上我了，我覺得自己的努力付出沒有白費。」為了鞏固戰果，齊輝就越竭盡全力地去討好他們。可是他在跟他們打成一片，看起來嘻嘻哈哈很開心的時候，內心是很陰鬱的。因為他覺得心累，不但要察言觀色，體察室友的需求，投其所需讓他們高興，還全程小心翼翼，生怕自己哪句話說錯了，哪件事做得不對。

這種心理狀況隨著時間的推移，似乎越來越糟糕。到朱輝畢業參加工作後，在和同事的交往中，他意識到了問題的嚴重性。「人家說什麼，我只會回以『嗯』、『哦』，不敢多說一個字，生怕說錯了人家不高興。即便這樣，事後我還會不斷回味，我說這些應和的字眼的時候，語氣怎樣？表情怎樣？」有同事在社群媒體上留言，他只要看到，一定秒回，遲一點心裡就會不安。哎呀，對方會不會生氣？若當時沒看到，事後回覆，一定是千般道歉、萬般不好意思，不然那種惴惴不安的情緒會長時間籠罩在心裡。

「我總覺得自己是職場新人，和資深前輩比，自然處於弱勢地位。若不討好他們，便不能很好地在公司立足，不能獲得有限的生存資源。可是，每天這麼卑微地討好別人，我覺得快成為『討好症』重症患者了……」

處於弱勢地位時，就要放低自己，去討好強勢權威，以此來獲取生存資源。這種錯誤信念存在於太多「討好型人格」的腦海中。從小寄養在別人家的孩子，會認為「我討好他們才能有飯吃」；公司裡沒職權、沒業績的員工，會想著「我討好他們才不至於被裁員」；婚姻中弱勢的一方會抱著「我討好另一半，才不會被拋棄」的想法，努力讓對方高興。他們把討好當作生存之道，以示好的心奉上和善、忍讓、順從，來換取生存資源，換取內心的安全感。

現實卻是，不是你奉上討好，對方就一定不會掠奪你的生存資源，不侵犯你的利益。很多時候恰恰相反，**你越是貶低自己，別人越是覺得你軟弱可欺、好說話，從而毫無忌憚地擴大他的領地，侵犯你的既得利益。**這是人的劣根性所致。你怕得越多，欺負你的人越多。你退縮得越多，能讓你容身的空間就越狹小。

討好者要看清楚以下兩點：

1. 你弱勢的時候，你的付出在別人看來也是微弱的

與其討好別人，不如把討好別人的時間用來投資自己，讓自己強大起來。當你腰杆挺直，底氣十足，即便你不對別人示好，也會迎來微笑和尊重；即使你不小心翼翼，也沒人敢動屬於你的東西和利益。

2. 討好保護不了你的生存資源，捍衛才是王道

成人的人際關係，不像小孩子的世界那麼單純，你給我一塊糖，我就會記得也給你一塊糖。有時候，有些人，你給了他一塊糖，他會在心裡想，你什麼時候會給他第二塊。你這次出於討好放棄本應屬於自己的東西，下次他會在心裡謀算，還能從你這裡得到多少。所以，是你的東西，就要大聲說：「別動，那是我的。」

擔心形象崩塌，容易心口不一

明明心裡很想早早下班回家，正要走時同事卻說：「能幫我把這份文案整理完再走嗎？」你在心裡掙扎了一下，點頭說：「好。」掙扎的時候，內心有兩個小人在說話，一個在說：「拒絕他，你要回家。」另一個卻說：「哎呀，你在大家眼裡一直都是個好相處的人，這點忙都不幫，他會怎麼看你？」最終你聽從了後一個小人的話，再一次做那個好說話的人，維護好自己「老好人」的形象。

討好型人格的人就是這樣，當慣了老好人，習慣了討好別人後，就被這個形象推著，被動地一次接一次地說著心口不一的話，做著違背自己意願的事。面對別人不合理的要求，理智告訴自己，應該拒絕。可是，慣性思維又讓自己難以開口說出那個「不」字。他會在心裡預想很多，比如：「我要是拒絕了，他會不會說，平時的好說話都是裝的。真是虛偽！」他會不會在心裡想：「對別人都挺熱心的，卻不肯幫我，是不是對我有看法？」

兩種思想交鋒的結果，總是慣性思維勝利，「老好人」的標籤算是結結實實地貼牢了。

我有一個朋友，在我們的圈子裡是大家公認的好脾氣。大家聚會的時候，你說什麼，他都點頭說「是」。你做什麼，他都毫無意見地跟隨。大家都習慣了，做什麼從不徵求他的意見，定好了說走，他肯定是會跟著走的，所以漸漸他就形同虛設，毫無存在感。

我很想改變他的這種狀態，因為在我看來，他和我們在一起，總是沒有自我思想地做一個花瓶，內心一定是不快樂的。果然，朋友對我說：「在我跟你們說『我怎麼都行』的時候，我內心其實是有別的想法的，可是我怕說出來，你們會說，『你不是一向都聽我們的嗎？這次怎麼不聽啦？』所以，我還是不說的好。」、「我心裡當然不快樂啊，可是，這種不快樂不是源於跟著你們做我並不想做的事，而是源於我這表裡不一的遲疑、自我否定，帶給我的折磨實在太耗心力了，拉鋸戰一樣地來來回回，最終的妥協讓我產生太多的無力感……」

朋友的話說出了討好型人格的心聲。他們就是基於這樣的錯誤想法，認為貼上了「老好人」的標籤，就得把老好人做好了，不能做與之相違背的事。想起前文提到的那個自己的午飯時間由同事說了算的女孩子，總要委屈自己去配合別人，方便別人。我曾鼓勵她試試哪一天主動先說自己要在哪個時間段去吃飯。她後來給我打電話說，要說出自己想第一個去吃飯，真是好難，結果可想而知。

如此消耗心力、心口不一的維護「老好人」的形象，就一定會得到別人的認可和肯定嗎？其實未必。

• 放棄自己的思想，迎合別人

說白了，就是讓自己成為別人的附庸和傀儡。有的人喜歡身邊有人事事聽自己的，可真正想跟我們深入交往，或者跟我們比較親近的人，一定不喜歡這樣的我們。誰願意跟一個只知道附和，從不提出有建設性建議和意見的人進行深度的溝通呢？

沒有碰撞，沒有爭論，就好像自己在跟自己說話，這樣的交流除了浪費時間，別無所獲。而和我們親近的人，會因為瞭解我們習慣性壓制自己，而揣摩我們所說的話，究竟哪一句是真心，哪一句是附和。

我跟上述朋友在一起的時候就是這樣，請他吃飯，問他：「吃川菜嗎？」他說：

「好。」可擔心他是違心應和我的，便再問：「湘菜如何？」他卻會說：「也好，都好。」怎一個「累」字了得？旁邊會有朋友沒好氣地說：「別問他了，問也白問。」你看看，「老好人」的人設，帶給自己的就是這樣一句評價。

● 心口不一，苦的是自己

老好人戴著迎合別人的面具，因為不真實，不生動，往往不討人喜歡。想起《射鵰英雄傳》裡的黃蓉和郭靖，照理說郭靖身上具備太多我們推崇的美德，包容、寬厚，遇事多替別人著想，可是觀眾大多喜歡黃蓉多於喜歡郭靖，我亦然。因為黃蓉敢說敢做，敢愛敢恨，率真坦蕩，是一個內外一致、真實的人。一個稜角分明、敢於做自己的人，和一個面目模糊、唯唯諾諾的人，你更喜歡哪一個？

朋友那天跟我談起一件事。他被電視臺邀請去做評委，錄製一期才藝展示類的節目。參加才藝展示的表演者個個身懷絕技，本領高強，每個表演都很精彩，叫好聲不斷。可是，整台節目錄完，他只記住了一個小夥子，而且不是因為他的才藝多麼出眾，顏值多麼突出，而是因為他的率真、不唯唯諾諾。

「那小夥子展示的才藝是舞蹈表演，出場時戴了頂好看的帽子，自我介紹之後，音樂起了，他做了一個動作之後，緊接著就把帽子摘下來扔出去好遠。我當時還想，這是舞蹈設計的動作之一嗎？可直到跳完，我也沒看出扔帽子的動作跟整個舞蹈有什麼關係，於是點評時就問了他一句：『你為什麼要摘掉帽子？』你猜他怎麼回答的？」朋友身體前傾，目光裡流露興奮，看著我。

「是不是帽子妨礙他做舞蹈動作了？」我猜測著。朋友大腿一拍接著說：「原因的確是這個。但是他當時響亮亮地說了一句：我覺得非要我戴這個帽子上臺的編導真是笨歪歪！」朋友哈哈大笑說：「這小夥子真是太可愛了，我太喜歡他了！」在一堆被動接受編導和導演編排的表演者中，這個勇於表達自己真實內心的小夥子，就這樣給朋友留下了深刻的印象，獲得了朋友極高的評價。

• 再精心營造的心口不一，總會有被戳破的時候

當對方知道我們其實內心想的和嘴裡說的完全不是一回事的時候，他會認為我們虛偽。我們不敢真實表達自我的壓抑，委屈白受了，還換來一句「原來你都是裝的」，豈不是更多了一份痛苦？所以有句話說，「人生很短，何不真實做自己」。不然，對不起自己來這世上走一遭。

同理心過於發達，容易被人利用

什麼叫同理心？就是站在當事人的角度和位置上，客觀理解當事人的內心感受，而且把這種理解傳達給當事人的一種心理過程。通俗點說，就是換位思考、將心比心，設身處地去感受別人的內心。晏子曾說：「飽而知人之饑，溫而知人之寒，逸而知人之勞」，就是對「同理心」最實際的闡述。

無論從心理學角度還是從交際學角度講，有同理心都是好事。人之所以稱為高級動物，一個重要的標誌就是，人擁有相同的感覺、相同的感情，由己及人，能夠互相理解，彼此接納。所以，人們一直都是把同理心看作人際交往的基礎、個人發展與成功的基石，一直都在強調具備同理心的意義，都在探討如何培養同理心、強化同理心。

而且在心理學中，同理心有細緻的等級劃分。從一級到四級，分別是：幾乎沒有同理心，做事很少考慮別人的感受；稍有同理心，能夠考慮別人的感受；有很好的同理心，能夠站在對方的角度考慮問題，想對方之所想，急對方之所急；有非常好的同理心，能設身處地去感受和體諒別人，有優秀的洞察力和心理分析能力，能根據他人的表情、語氣判斷他人的情緒，並以恰當的語言表達傳遞對別人的理解。從一級到四級，從低級到高級，體現一個人的情商高低。所以，人們以沒有同理心為弊，以追求第四級同理心為榮，努力提升自己的同理心。

可是，大家有沒有想過，超越四級之外的同理心，是怎樣的一種狀況呢？

對於討好型人格的人來說，從來不愁沒有同理心。相反，他們大多是太過具有同理心，或者說同理心過於發達。他們太過敏感、太過善解人意，有超強的洞察力和共情的能力，也太過設身處地體諒別人，為別人考慮。以至於因為太過於理解別人，而完全放棄自我、犧牲自我、忽略自我，去迎合別人。

這樣的人和別人有爭執，心裡明明知道自己是對的，可是總覺得對方說得有道理，或者說可以原諒對方；和別人約會，等了一個多小時對方還沒來，他會在心裡替對方解釋：「他一定是臨時有事耽誤了。」、「一定是交通堵塞把他堵在半路上了。」

坐電梯、搭大眾運輸的時候，如果偶遇認識的人和自己同路，他的神經就緊繃著，找各種話題跟對方搭訕。這個過程很煎熬，因為沒話找話心真的很累。

若依照一般人的邏輯肯定會說：「實在無話可說就不說嘛，彼此打個招呼就好，為什麼非要不停說話呢？」

可是在這種同理心過強的人的觀念裡認為兩個人都不說話，氣氛就會很尷尬。如果不主動找話題，對方得多彆扭啊。因為他自己覺得尷尬，所以將心比心，認為對方也會彆扭，於是善解人意的他便擔負起緩解尷尬氣氛的責任。結果，這給他自己也帶來很大困擾，以至於特別害怕在坐電梯、搭大眾運輸的時候遇到熟人。

有個女孩是個優秀的期貨操盤手，最近她跟我說，她實在不想再做下去了。理由是，虧損了難受，獲利了也難受，實在受不了折磨了。我不理解，獲利了怎麼還難受呢？她說，因為總有負罪感。一想到自己獲利的錢，是別人虧損的，她就難受。尤其想到虧損的人正在痛苦，她就覺得特別對不起人家。你看，凡事有度，同理心過強，太過於為別人著想，工作都會做不好。

這些無不是同理心過於發達的表現，而且對個體的傷害是顯而易見的。但這種傷害來自討好者內部，自我主動地虧待自己、委屈自己、放棄自己的需求，去體諒別人，替別人著想。還有來自外部的傷害，別人利用討好者的同理心，利用他的善良，對他進行情感綁架，逼迫他犧牲自己成全別人。

「我知道你是一個熱心助人的人，你一定不會看著我走投無路而不管我的。」向討好型人格的人借錢的人如是說，於是他說不出拒絕的話，把自己急用的錢交給了對方。

「你想想，如果是你，你忍心讓自己的孩子週末一個人在家裡待著嗎？」求討好型人格的人幫他週末加班的同事如是說，於是他彷彿一下子看到孩子那孤單單的小身影，可憐巴巴的眼神，馬上就點頭答應：「我替你加班，你回家陪孩子吧」。

「這件事是我錯了，我難受得吃不下飯，睡不好覺，你知道失眠的滋味吧？你一定懂得我這難受的滋味……」儘管他沒說一句對不起，可討好型人格的人已經從心裡原諒他了，因為他體察到他的「難受」，我們的善良又不忍心看對方繼續「難受」下去。

「你要不同意，我這面子往哪擱啊，你得為我想想，我沒法跟朋友交代啊。」好吧，討好型人格的人立刻就覺得我們如果不答應對方的請求，對方的確很為難，的確沒面子，的確沒法交代，於是，委屈自己應承下對方的請求。儘管答應之後，自己不知道有多難。

所以，對於討好型人格的人來說，不要把有同理心、善良看作是美好的品德，從而任意放大它。**善良不等於沒有原則，同理心不等於要被利用、被脅迫而毫不反抗**。當我們氾濫自己的同理心的時候，不妨想一想，是否把善良演變成了軟弱可欺，把體諒別人演變成了一味的犧牲自我。如果是，還請給自己的同理心設限。

太過友善是偽裝，太過無私是病態

善良、樂於助人，是人類的傳統美德，對人和善、樂於助人的人，總是給人溫暖的感覺，總是被人喜歡。所以，我們在探討「討好型人格」的特點時談到，老好人們個個與人為善、樂於助人，「友善」、「無私」是他們的醒目標籤，就有很多人困惑，這是多好的美德啊，有什麼不對嗎？就連老好人們自己也意識不到，友善助人有什麼錯。

我曾遇到這樣一位老好人，他不無委屈地說：「我做什麼事情都本著為別人著想的原則，對朋友有求必應，對家人全心付出，就算陌生人求助，我也會不遺餘力去幫他。儘管我能力有限，也沒什麼錢，但哪怕我吃不上飯，累得吐血，我也得把別人的事做好了。不為別的，只為大家說我一個『好』字。可有人說，我不正常，我做好人怎麼就不正常了呢？」

經過深入溝通，我瞭解到這位老好人的友善、無私，不可避免地落入「討好型人格」

的偏執錯誤中。其友善、無私的「非正常」表現在兩點：

1. 初衷、目的有違傳統意義上的善良和無私

傳統意義上的「善良」是發自內心的，毫無被迫、利他思想的一種付出。舉個例子，我們走在路上，看到一位步履蹣跚的老人要過十字路口，我們趕緊走過去攙扶著老人，把他安全送到馬路對面。我們在做這件事的時候，完全是聽從內心的呼喚，沒有什麼畏懼、擔憂，沒有掙扎、自我說服，更不是為了得到什麼回報，純粹只是為了幫助老人，只是為了與人方便。

而同樣還是這件事，老好人也扶著老人過馬路了，過程、結果都無異。但老好人做這件事的出發點、思維理念是這樣的：我若不扶老人，別人會說我不善良，不樂於助人；我扶了老人，老人會說我是好人，別人也會給予我肯定和讚揚。

這只是一個小小的例子，現實生活裡，老好人的「善良」、「無私」無不帶著各種「目的」：害怕別人不高興，不敢說出拒絕的話，而有求必應；害怕別人說自己無能，為

了證明自己的價值而為別人做事；害怕別人不喜歡自己，不接納自己，藏起自己的鋒芒，處處迎合、討好，始終一副和善、好脾氣的樣子；為了得到回報，我今天幫了你，你明天也會幫我；為了得到肯定和表揚，從而借此增強內心的存在感、個人價值感；為了「好人」的形象不崩塌，無私幫助所有人……

因為帶有種種目的，出於種種畏懼，在與人為善、無私助人的過程中，老好人心裡往往不平和、不愉悅，反而內心常常充斥著痛苦、無奈、焦慮、空虛等諸多負面情緒，而且還不時陷入本已身心疲憊，卻不能說服自己停下來的內耗中。

所以，確切地講，老好人秉承的「善良」、「無私」並不是真的發自內心，而是偽裝的，非正常人理解的那種傳統的美德。它是老好人們用來取悅、討好他人的工具，是掩藏自己空虛、脆弱內心的面具。

2.「友善」和「無私」太過極端，是種病態

開頭提到的那個老好人，他說自己能力有限，也沒什麼錢，但只要是別人找他幫忙，

就算再苦也要做好。比如，朋友買車找他借錢，他當時也正在規劃買房，「無私」的他把錢借給朋友，自己去找人辦利息很高的民間借貸；兄弟的小三懷孕，以孩子威脅利誘對方離婚。兄弟自己沒有擔當躲起來，卻請他出面幫自己平事。這老好人義無反顧接這替人擦屁股的活，去做小三的工作，陪小三去醫院做流產，結果被人誤會他是那個不負責任的男人，給他一頓暴揍，老婆也差點跟他離婚；同事這個月的銷售業績沒有完成，他把自己的客戶讓給人家……總之，像蠟燭一樣，恨不得兩頭都點亮，給別人送去光明。如此「友善」、「無私」的結果就是，他把自己的生活弄得一團糟，越來越迷失自我，越來越臨近崩潰的邊緣。

一個人首先要愛自己，才能很好地愛別人。無私到「無我」的人，要不是聖人，視天下人疾苦為自己的苦難；要不就是人格有些缺陷，心理有些病態的老好人。「無私」和「討好」只一小步之遙，過了，便成人格障礙。在心理學上，有一個名詞，是專門來定義這種類型的老好人的，那就是「看管人性格紊亂症」*。

一直拿著「善良」、「無私」來為自己「討好心理」做註解的老好人，不妨問問自己，在回應別人的需求，去為他人做事的時候，是不是違背內心的意願？是不是有很多畏懼、顧慮、擔心？有沒有為了利他而傷害自己、忽略自己，甚至犧牲自己和家人的利益去行善？如果回答是「是」、「有」，那麼從現在起，放下這錯誤的想法，改變自己的思維習慣，把自己從「友善」、「無私」的旋渦中解救出來吧！

善良不等於毫無原則地對所有人和善，不等於無底線地軟弱、妥協、退讓；無私不等於一味地犧牲自我，壓榨消耗自己的能量。我們不是太陽，也不是聖人，**我們的善良應有邊界，我們的付出要有所節制。先好好愛自己，再理智、智慧地去愛別人。**

＊由美國心理學家萊斯・巴巴內爾（Les Barbanell）提出，指過度友善已是一種病態，又名「取悅病」。

自卑心理作祟，是一切問題的根源

小林從小就如一朵沒人注意的野花，靜悄悄地獨自長大。父母把精力都放在弟弟身上，對她只有義務的穿暖吃飽，很少關注她在想什麼，她想要什麼。

在學校除了唯一的好朋友劉燕，沒有人跟她玩，連老師也經常忽略她的存在。而劉燕雖然是她的朋友，但很少跟她談心，兩個人在一起，只有劉燕自己暢所欲言，說著自己高興的和不高興的事，彷彿她只是一個能夠聽自己嘮叨的樹洞。即便這樣，小林還是喜歡跟劉燕在一起，唯恐劉燕哪天不再理她，那她就一個朋友也沒有了。

所以小林時時抱著討好的心，追隨劉燕左右。兩個人漸漸長大，劉燕越來越漂亮，也越來越活潑外向，很有人緣，男孩子、女孩子都喜歡跟她一起玩。她便一點點地忽略小林，很少像以前那樣對著她嘰嘰喳喳了。小林心裡充滿了失落感，每天像個不會說話的影子，默默跟在劉燕身後，哪怕她幾乎不看自己，也形影不離。為了討好劉燕，她幫她抄作業，幫她遞情書，替她掃除值日，只要劉燕一句話，她便火急火燎地去做。

高三時，小林暗戀一個男孩子，而那個男孩子沒事總找劉燕，為了每天能看到他，小林更加黏著劉燕。但讓她備受打擊的是，她聽到男孩子對劉燕說：「你跟小林兩個人，真是一個是白天鵝，一個是醜小鴨。」小林知道，和光彩照人的劉燕比，自己就是一隻灰頭土臉的醜小鴨，她一點兒也不介意別人這麼說自己。她只是很難過，這句話是自己喜歡的男孩子說出來的，濃濃的自卑把一顆本就脆弱的心淹沒了……

後來畢業了、工作了，小林一直沒有勇氣談戀愛，她怕她若向對方表白，會換來一句：「你這個醜小鴨，怎麼配得到我的愛？」在她自卑的心裡，身邊的男孩子都那麼優秀，自己都要仰視著他們燦爛的笑臉。

無獨有偶，小林和一樣被自卑心理糾纏的顧傑戀愛了、結婚了，可是從和男友相識那天起，她就努力按照男友喜歡的樣子塑造自己：不大聲說笑，不留披肩長髮，出門花很多時間化精緻的妝……縱然之前她是粗門大嗓說話的人，是有一頭被女孩子豔羨的長髮的人，很頭疼化妝卸妝嫌麻煩的人，但男友喜歡這些，她就要朝著這個方向努力，要塑造完美的自己秀給他看。

討好型人格的人，在愛情中如此自卑，在人際交往中亦然。因為自卑，急於證明自己，所以取悅別人。對別人的要求有求必應，不遺餘力地去幫別人做事。

比如那個到處說「有事您說話」的郭子。因為自卑，覺得自己不如人，所以取悅別人。事事順著別人，時時笑臉相迎，不說反對的話，不提不同於別人的建議，生怕人家不高興，生怕別人反駁自己。

因為自卑，討好者的潛意識中總覺得自己低人一等，沒有資格要求人，所以從不麻煩別人。什麼事情再難也都自己扛著，別人稍微給自己做點什麼，就覺得不安，認為自己不配得到別人的幫助。

因為自卑，自我價值感低，找不到存在感，所以就特別在意別人對自己的看法和評價，總希望得到外界的認可和肯定，靠著別人的讚揚和賞識建立自信，找到價值感和存在感。如何得到別人的肯定和讚揚？自然是「討好」他們。

因為自卑，內心懦弱卑微，不敢得罪人，所以處處不與人爭搶，什麼都讓著別人。和別人發生衝突，不管是不是自己錯了，都先道歉，以期息事寧人。平時和別人相處，也是一副討好別人的溫柔和善。哪怕對待下屬，都帶著討好的心。

我一個朋友，自己開了個店，手下五、六個員工，怎麼說也算是個老闆。結果我去店裡看他，坐了不到一個小時，出來後，我對他說：「感覺你的那幾個員工才是你的老闆。」他還有些不解，問我何出此言。

我說，你對他們的話連連點頭稱「是」，可你說什麼，你的員工都不以為然，甚至還頂撞你。他們可以吆喝你去拿東西，忙不過來叫你接電話。他們有情緒了，你還要哄著他們開心，哄著他們幹活。所以，怎麼看都覺得你是打工的，他們是老闆。朋友點頭說，他在員工面前的確有些軟弱，但他就這麼個性格，拉不下臉硬不下心，對誰都這樣，包括自己的員工。

綜上所述，所有「討好型人格」的種種錯誤心理，幾乎都繞不開一個「自卑」。可以說，自卑是一切問題的根源，是「討好」人格滋生的土壤，是老好人最大的軟肋。

當一個人內心裝滿了自卑，他向外傳遞給別人的資訊就是「我很LOW」，尤其再處處放低了姿態，以討好的心去對待別人，那麼和他相處的人自然而然也就認定這個人就是低能的，就是讓人瞧不起的，是不值得尊重的。

那麼可想而知，再討好別人，再努力表現自己，討好者也換不來自己想要的尊重、肯定。自己都看不起自己，還能指望別人看得起自己嗎？

自卑並不可怕，也不必急於消除自卑。可怕的是因為自卑去討好別人。試試用別的方式來對抗自卑吧，比如提升自我，強大自我，讓逐漸充盈的自我一點點把自卑驅逐出內心。再比如，**放棄證明自己，接納不完美的自己，告訴自己，每個人都有缺點，每個人也都有自己的長處。**

我具有的優點，很多人不具有。我在羨慕別人的時候，身後一定有人在羨慕我。不是有句話說，當我們站在橋上欣賞風景的時候，正有人在遠遠地欣賞我們嗎？

Part 3

為何越想討好，卻越被看不起？

討好別人是內心無價值的投射，即「無能」和「平庸」的代名詞，這樣討好者自然妄自菲薄。試想一下自己都輕視自己，別人又如何高看你呢？另外，討好者常以「好好先生」和無害的形象示人，別人自然就有所求，而且還會得寸進尺。人性的劣根在此得到充分體現——你幫人十次，一次沒幫，你就是壞人；你拒絕人十次，幫人一次，你就是好人。你幫人十次，遠不如從不幫人的人行善一次。

我們越是放低姿態對別人好，別人就越是不尊重我們，越不把我們當一回事。反而那些趾高氣揚、唱反調的人，卻更容易得到別人的重視。可見，過度討好別人，是對自我的踐踏和凌辱，別人也會因此覺得你的付出是理所當然和廉價的。

從討好型人格形成的根源說起

每個人的行為、心理都有一些特徵，這些特徵的總和就是人格。人格的形成和先天、後天種種因素相關，可以說是與先天的遺傳、後天的環境和教育因素分不開的。在這裡我們不討論遺傳因素，單就生活環境、成長經歷、教育環境等後天的因素來進行探討。因為後天因素對一個人的人格形成和發展有非常重要的影響作用。

任何問題都是有果必有因，每一個「討好型人格」的形成，其背後都有特定的環境因素。而且「冰凍三尺非一日之寒」，一定是從幼年時候開始，慢慢影響並強化了「討好型人格」的形成。首先，在兒童成長的過程中，父母對子女的態度和教育方式對孩子人格的形成和發展影響巨大。具體來說：

第一類，本身就是「討好型」人格的父母

從小對孩子言傳身教灌輸種種「討好」理念，比如對孩子說：「不要去別人家玩，弄亂人家東西，人家會不高興的。」於是孩子盡可能不去同學家，即便去了也是縮手縮腳，什麼都不敢動，生怕人家不高興；「別帶同學來家裡，我們家條件不好，房子小，人家會笑話的。」於是孩子在同學面前自覺不如人、低人一等。「和別的孩子玩，儘量讓著人家，別跟他們起爭執，退一步海闊天空。」於是孩子儘量避免和別人發生衝突，即便有矛盾，自己吃虧了，父母也說「吃虧就是福啊！」，於是孩子養成了忍讓、懦弱的性格。就這樣，孩子從小聽著父母如此的教誨，看著父母在人際交往中做著討好別人的事，長期被父母言傳身教、耳濡目染，逐漸也就形成了「討好型人格」。

第二類，性格粗暴強硬，控制欲強的父母

因為在這樣的家庭裡，孩子什麼事都要聽父母的，不能有自己的想法和意見，稍有不順從就會被責罰、打罵。漸漸地，孩子便會軟弱無主見，即便有想法也不敢表達，養成了

順從的心理習慣。而且孩子容易為了不被責罰，學會討好父母。長大後，在和別人交往時，也會像討好父母那樣習慣性地去討好別人。比如前文中舉過的例子，那個二十六歲的雨薇，正是控制欲特強的父親把她管教成「討好心理」嚴重的「小老鼠」。

第三類，冷落、忽視孩子的父母

家裡孩子多，處於中間位置的孩子，往往被父母忽視。比如前文中我們說的日本電影裡的主人公松子，從小被父母忽略，形成了嚴重的「討好型人格」；從小寄養在親戚家的孩子，或父母長期不在身邊的孩子，心裡難免有寄人籬下和「父母不愛我」的想法；父母感情不和，家庭不和睦，遷怒於孩子，或者父母各自生悶氣、冷戰，都不理孩子，孩子內心缺乏安全感，也容易自責，覺得父母不開心，都是自己做得不好。我曾和一個這樣的孩子溝通，他說，爸爸媽媽一吵架，媽媽就抱著他哭，他就特別自責，覺得自己沒有能力讓媽媽開心，實在是自己無能……

第四類，總是否定和打擊孩子自信的父母

這類父母對孩子要求嚴格，很少表揚、誇獎、肯定孩子，孩子做什麼事，總是給孩子「差評」，對孩子「挑剌」、「不滿意」。我家鄰居銘銘的媽媽就是這樣，每天聽她跟孩子說話，開口就是否定的：「你看看你這字寫得太難看了！」、「你說說你這次考試怎麼回事，比你同學少了好幾十分！」我曾跟她聊過這個問題，她說，她也是為了孩子好啊，就像給小樹修剪斜枝一樣，眼睛盯著他的缺點、不足，幫他改正，他才能挺拔端正地長成好苗子。可是，她忽略了孩子的心理需求。長期生活在被否定，尤其是被自己的父母否定的環境裡，孩子會漸漸自卑，自我價值感低，長大極易形成「討好型人格」。

第五類，有條件給予孩子愛的父母

「你乖乖不哭，媽媽給你買玩具。」、「你做個乖孩子，爸爸媽媽才喜歡你。」、「再不聽話，就把你送人。」、「考好了，有獎勵，考不好就等著挨揍吧！」諸如此類的話給孩子傳遞的一個資訊就是，爸爸媽媽給我的愛都是有條件的，只有我滿足他們的要

求，他們才愛我，不然，我便會被他們拋棄或者嫌棄。所以，在孩子幼小的心裡就種下了一個觀念：做什麼事情，都要爸爸媽媽高興才行。長大後他們也會認為，愛和喜歡，都是靠討好交換來的，只有討好別人才能獲得別人的認可和接納。

除了父母的教養方式對孩子人格形成的影響作用，外部環境、童年經歷等社會因素也不容忽視。比如孩子小時候在小夥伴中被孤立過，遭受過集體冷暴力或霸凌，被最親密的朋友傷害、欺騙過，被集體嘲笑、羞辱過等，都可能在他們心裡留下陰影，對人格的發展造成不良影響。

有位朋友跟我說了一件發生在他小時候，卻使他至今難忘的事。故事發生在他上小學二年級時，某天他被同學漂亮的自動鉛筆所吸引，悄悄裝進自己書包拿回家。第二天同學把這件事情告訴老師，他偷了自己的鉛筆。老師嚴厲訓斥了他，他把筆掏出來還給同學的時候，同學鄙夷地大聲說：「我不跟小偷同桌！」於是，老師把他調到教室最後一排，一個人靠著牆坐。

他說，那時候，他的後面是牆，左邊是牆，右邊是過道，只有前面是同學，但他們都不扭頭和他說話，他被全班同學孤立。直到上五年級了，還有人在他身後指指點點說，他是個小偷。整個小學時期，他都是不快樂的，封閉著自己的心，鬱鬱地看著這個世界。直到後來擺脫了那種環境，在和別人交往的時候，他也一直都是小心翼翼、謙卑地對每個人露出討好的笑。

可見，種種不當的教養方式以及童年創傷性經歷，讓「討好型人格」的人從小就缺乏自我價值感、自信、安全感，為了修補這些「坑洞」，長大後的他們不遺餘力地壓抑、犧牲、委屈、放低自己，去滿足別人、討好別人，以換取「補洞」需要的東西。

人人都有取悅他人的心理

「討好型人格」的言論之所以引起那麼大的反響和共鳴，就說明我們每個人心裡或多或少都有討好別人的心理。尤其當我們把「討好型人格」的種種表現和心理特徵羅列出來，大家一一對照，對號入座，會發現，總有那麼幾條是在說自己。

或者自己在處理人際關係的時候，出現一些心理，都能夠跟「討好型人格」對上號，就會不由自主地想：原來我有討好型人格啊。

有位與我同行的女作家，她在休息翻手機時看到一款花架很漂亮，組個四人團可以用很優惠的價格買下來，於是她就開團，給幾個朋友發了組團邀請。沒幾分鐘，就湊齊了四個人，大家開開心心地購買成功。可是，稍後其中一個朋友在微信中說：「其實，我壓根不需要這個小東西，純粹幫你把團購人數湊齊。」

她瞬間覺得不安，覺得欠了她很大的人情，繼而責備自己，何必為了省幾十塊錢，去打擾朋友，讓朋友為難。於是她開始胡思亂想，其他三個人是不是也是出於這樣的心理：本不需要，可是你發了邀請過來，又不好意思拒絕你，為了幫你，勉強買了這個東西。越想越覺得自己這舉動實在思慮不周，頓時心情就不好了。這件事整個過程中她的心理波動和糾結，是不是像極了「討好型人格」的心理歷程？

事實上也的確是，每個人都有取悅他人的心理。誰不希望得到他人的認同和肯定，沒有人願意被人討厭和排斥，對吧？所以，我們每做一件事都是盡力把自己最完美的形象展示出來，儘量藏起自己的缺點，不讓別人看到我們的短處；或多或少要考慮別人感受，盡可能避免讓別人不高興；能幫助別人就盡可能不袖手旁觀，能給別人帶來方便就一定伸把手。也正是因為我們有這種「悅他」的心理，人與人之間才保持著和諧、融洽的關係，我們才能收穫親情、愛情、友情，以及種種美好的人類情感。

大眾普遍的「討好心理」大致可以分為三個類型。

1. 認知型

這一類型的心理存在一些錯誤的認知，比如：「我對別人好，別人就會對我好。」、「別人對我不好，就是我做得不夠好。」、「吃虧是福，遇事要忍讓，要遷就。」、「凡事常思己過，把體面和尊嚴留給別人。」

2. 習慣型

這一類型很好理解，就是把「討好他人」當成一種習慣，從小到大都是這麼做的，上文中所提到的在非正常的家庭環境中長大的孩子，大多屬於這種類型。舉例來說，跟我同一間辦公室中就有一位男同事，是習慣型討好者。他每天事無鉅細地照顧每位女同事，及時幫她們煮咖啡，幫她們把電腦鍵盤擦得光亮，若是一起加班晚了，也一定發訊息給同行的女同事，詢問她們是否安全到家。並不是他有什麼不良居心，他就是一種習慣，習慣性地照顧身邊每一個女孩子。

3. 情感逃避型

出於逃避不安、自責、恐懼等壞情緒，逃避衝突，逃避失敗等心理，去討好別人。比如試穿了衣服，擔心門市人員不高興，為了避免對方不高興，勉強自己買下衣服；內心的想法跟別人發表的言論不同，擔心反駁後會引發更激烈的爭論，為了避免衝突，乾脆三緘其口，保持沉默……

對照這三種類型審視一下自己，我們會發現，無論認知型，還是習慣型、情感逃避型，我們，或者我們身邊的朋友，總有一款類型「適合」大家。

但是，千萬不要談「討好型人格」色變。不是所有「討好」心理都必須克服，不是所有的「討好」行為，都需要矯正。有一個核心的衡量標準，那就是，**如果我們在做討好別人的事情時，內心沒有無奈、焦慮、恐慌、沮喪等負面情緒，換句話說，我們是很開心地做這些事的時候，那就大可不必在意。**只是在感覺力不從心，影響到自己的生活，或者有親近的人提醒，覺得我們對別人好過對親近者的時候，稍加注意和調整就可以了。

如果我們在取悅別人的同時，自己本身並不愉悅，反而內心承受著諸多負面情緒的折磨，卻又說服不了自己停止討好別人，那麼，就要警惕，我們真的需要認真審視自己，及時做出改變了。

因為，討好別人本身並不可怕，剛才我們說了，正因為我們都有悅他心理，才能收穫和諧的人際關係。否則，每天大家都「仇人相見分外眼紅」似的，這個世界還不處處充滿戾氣？悅他的同時，也悅己，討好別人的同時，自己也是開心的；付出的同時也收穫別人的討好，幫助別人的同時也能平和接受別人的幫助，從別人那裡得到肯定的同時也不斷肯定別人，如此，內心的平衡便得以維持。

真正傷害我們的是，一味地「悅他」，並不「悅己」。也就是說，過度關注別人，為了討好別人，而不惜犧牲自己、委屈自己。那麼討好之後的心理內耗，諸如失去自我的焦慮和不安，害怕被拒絕、被忽略的恐懼和孤獨，付出之後沒有回報的失望和怨恨等，便會如同慢性毒藥，一點點侵蝕一個人的心理健康、人生幸福。

當我們的種種討好表現和過後的內心掙扎，已經開始損害我們的情感和心理，甚至影響到我們的生理健康，那麼，請馬上行動起來，調整自己的內心，重新掌控自己的生活。

自以為「無害」，別人暗罵你別有用心

支配討好者的一個重要信念就是，我低眉順眼，處處順著別人，不跟任何人爭搶，不和任何人對抗，我對所有人傾心付出，討好他們，他們便會覺得我沒有競爭心，對他們不構成什麼威脅，造成什麼傷害；他們會覺得我是心地善良的「無害」的好人，是個「乖乖女」、「草食男」，就會對我好，回報給我以友善。如此，我的人際關係就和諧了。

事實果真如此嗎？

上文中提到的那個總是無微不至照顧身邊女孩子的男同事，他習慣性討好身邊的女孩子，自認為「無害」地自顧發散愛心，發散光和熱，自認為女孩子們會感激他，給他極高的評價。殊不知，很多女孩子背地裡議論他，說他：「別有用心」、「濫情」。

其中一個叫薇薇的女孩子還很擔心地對我說：「每天下班他都給我發訊息問我，到家了嗎？每天在我桌子上放一塊巧克力。他這樣做是什麼居心嘛，是不是對我有意思啊？可是，他有老婆啊，況且他還對很多女孩子這樣做，是不是太渣男了？」那位男同事若聽了這話，不知作何感想。

再說我的一個朋友靳躍，他在公司裡對主管畢恭畢敬，對同事友善有加，對下屬也是和顏悅色，總之，和公司上上下下的關係都處得很好，跟誰都和和氣氣。他也一直認為大家對他的評價應該是不錯的，畢竟他這麼盡心盡力維護和大家的關係，大家沒有理由說他不好。可前不久他無意中聽到大家對他的評價，差點把他擊垮了。他在洗手間，聽到外面兩個同事提到他，就特意留心聽了幾句。一個人說他「太有心計了」，一個人說他「這個人很善於偽裝」。

他很吃驚，找了一位他一直當作兄弟的下屬喝酒，想細細了解同事為什麼這麼說自己。這個下屬倒是心直口快，把平時大家對他的看法都說了出來，「對主管點頭哈腰，不就是為了討好主管，好往上爬嗎？」、「對下屬和顏悅色，不過是裝出來的，不就為了贏得人心嗎？」、「對同事那就更是假兮兮了，心裡不知道有多少壞水呢，臉上卻整天堆著笑。」、「誰的意見都不反駁，誰的提案都說好，背地裡跟主管不知道打多少小報告，這種人最可怕。」、「什麼事都說好，都和大家打哈哈，一點原則沒有，這樣的人最需要提防。」……這些話把靳躍的心戳得銳痛，他做夢也沒想到大家是這麼看自己的。

可我聽了這些話，倒很能理解大家的心理。畢竟人的心理就是這樣，一日友善是性情，二日友善是品行，三日友善是修為，四日友善是博愛，每日友善，那就是偽裝。**在我們自己看來是委屈自己、犧牲自己的一種討好，在沒有走進我們內心的外人看來，那就是「別有用心」。**

可這種評價對於像有靳躍這樣的「討好型人格」的人來說，無疑是太委屈他們了。畢竟他們的出發點，只是為了樹立一個完美的自我形象，為了贏得大家對自己的認可。

換個角度看，他們太過於要強了，太過於看重自己在別人眼裡的形象了。沒想到卻適得其反，很努力地去表現自己的時候，因為太過於壓抑自己的真性情，反而被人誤會為「別有用心」。

好人緣當然不是靠討好討來的，長期戴著面具賠著笑臉和周圍的人相處，人家能不覺得我們假嗎？能不認為在我們面具的掩蓋下，有一顆別有用意的心嗎？相反，當我們放下討好的心，真實做自己，反倒能收穫真實的融洽關係。畢竟人們很容易就能分辨出是真心還是偽裝，是真誠還是「刻意」。

所以，趁早放棄「無害」的友善吧，打開自己心靈的枷鎖，釋放自己的真性情。對人友善沒錯，但該說「不」的時候就大聲說「不」；贊同別人也沒錯，但該表達自己想法的時候，就暢快地表達；敬重主管，團結同事，友愛下屬更沒錯，但在看到他們的不足，或者他們需要我們提出不同意見的時候，就坦誠地，開誠布公地，甚至嚴肅地為他們指出來；待人熱情、樂於助人當然更沒錯，但是我們不欠任何人的，不要帶著討好的心，沒有邊界，把自己當太陽一樣，無私地去散發光和熱……如此做，儘管會有衝突、有爭論、有不快，但是因為我們的真實、我們的爽直、我們的坦誠，別人反而會喜歡我們。

放下「讓每個人滿意」、「讓每個人喜歡」的執念，改變過於看重他人需求和感受的思維，對自己說一句：「你不滿意我，我還是我；你討厭我，那是你的事。」我們不高興了也展露出來，對誰有意見了就直抒胸臆找他理論，我們會發現，內心世界一片豁然，人生可以如此快意。我們也會很快發現，別人並沒有因為我們展露真實就遠離我們，我們的人際關係也沒有因此崩塌。生活很多彩，因為每個人都在做那個不同於眾人的自己，我們也在其中。

自以為會做人，別人認為你軟弱可欺

老好人把「善解人意，凡事謙讓，有什麼事情多想自己不對的地方，多理解別人」看作「會做人」，因為誰都不得罪，有什麼紛爭都讓著別人，有什麼事情自己搶著做，大家自然會說自己好，並進而喜歡自己。

可是，現實常常事與願違。越是全心全力做個善良的人，做個好人，別人卻越是認為我們軟弱可欺。不要認為我把人心說得太醜惡，**其實很多時候那些認為我們軟弱可欺的人也是無意識的，受心理定式的影響，無意中就拿我們當軟柿子捏了。**

小魏剛到電視臺報到，在他看來，自己是個新人，所有的同事都是自己的前輩，都要抱著討好的心去對待。如此，才能搞好人際關係，才能混得個好人緣。為此，他處處陪笑臉，見了誰都叫「老師」。有什麼累活都搶著做，看到別人需要幫忙，也趕緊衝上去，就像自己的事情一樣，認真完成。如此一晃兩年過去了，每年電視臺都有一大批新人加入，可小魏依舊是那個到處填縫到處救急的「小嘍嘍」，就連新人都招呼他做這做那。小魏內心是不甘的，可是他從來不好意思表露出來。

小魏的製片人實在看不下去了，找他聊天，跟他說，你別總這麼好說話，那不叫會做人，那叫沒個性，叫軟弱可欺，是在給別人欺負你的機會。小魏不理解。前輩進一步說：「大家不是有意覺得你好說話、好欺負，就故意來欺負你。就拿我來說吧，我們都知道，一些吃力不討好的採訪，大多同事都不願意主動去接，辛苦去外訪，回來還要剪輯，但這樣的主題主管卻不喜歡，觀眾也不叫好，誰願意去做啊？

當我在分配這樣的採訪任務的時候，就會在心裡掂量，讓誰去做比較合適。如果是不好說話的同事，總是要多費很多口舌，他們才會勉強接下來，甚至做了半天後，他們還可能甩手不做，而分配給你，你從來都是二話不說就接了。

那麼時間長了，一有了這樣別人不喜歡做的工作，我就毫不猶豫地直接找你。這對你其實很不公平，說白了，我就是在欺負你。雖然很多時候我很愧疚，也很感謝你，覺得你真是一個好人，這麼挺我。

可是，下次再遇到類似情況，我還是毫不猶豫地想到你。」這位製片人接著為小魏分析，他用這樣的心理對待小魏，那麼其他同事呢？免不了也有同樣的心理。

人都有欺軟怕硬的心理，在面對棘手的事情，總免不了心生畏懼，在做或說之前，往往會先在心裡盤算：「我這樣做，他會不會生氣？」、「我這樣說，他會不會有意見？」思考後，可能就會因為這些憂慮而放棄，或採取迂迴的方式去面對。

但是，如果面對一個好說話的、沒脾氣的人，人們是不會有那麼多顧慮的，因為潛意識中會有「反正他也不會發火」的想法，於是找到老好人頭上的事情就多了好多，對他說話可以無需顧忌。

這樣的對話我們是否有些耳熟？甲說：「哎呀，我有點不舒服，真不想加班。」乙說：「請小李幫你阿，你們兩個關係那麼好。下次你再幫他嘛。」甲猶豫一下說：「算了，我還是找小張吧，他比較好說話，成功的機率比較高。」看看，毫無欺負之意，但好說話的人自帶被人欺負的氣場，就不由得就讓人想到找他了。

還有，老好人們平時說話，自覺就比別人矮三分，什麼事情都很隨意，動不動說「我沒意見」、「我怎麼都行」，這些弱勢語言無不向別人傳遞一個資訊：這個人可以無視。於是，漸漸地，人們就會不自覺地忽視他，侵犯他的權益。就算比他資歷淺的新人、菜鳥，都會從心裡輕視他。

更不用說，還有那麼多看穿了老好人的內心，而故意欺負他的不善良的人，看准了他不好意思拒絕別人的請求，所以什麼事都找他幫忙。如小品《有事您說話》裡的那個老趙，自家六百多斤大白菜，也要找好說話、愛幫忙的郭子幫忙送到自己六樓的家。他算准了，只要他張口，郭子就一定會照辦。不欺負他，欺負誰呢？

還有，看准了老好人不好意思跟人爭搶，什麼事都讓著別人，公司裡有福利優惠，只要有他的名額，總有人來跟他商量：讓給我吧，我知道你人好，幫幫忙吧。於是乎，他就把機會拱手讓給別人了。可即便受了他幫助的人得了便宜，人家也不會感激他，似乎他就應該把機會讓給別人。

老好人秉承的「會做人」信念，就這樣被別人利用，成了軟弱可欺的代名詞。**問題根源就在於，內心不夠強大，為人太過善良。**因為過分注重與人為善，而丟失了自己的尊嚴和價值，把自己變成一個任誰都可以捏的軟柿子，如此的人生何等悲傷？

要知道，善良不等於軟弱，不等於委屈自己，成全別人。做人有時不可太厚道，太好說話。要善良，但要善良得有鋒芒、有尊嚴。尤其對待那些惡意欺負自己的人，更要在適當的時候予以回擊，讓他知道，你不是對任何人都好說話，不是對任何事都寬容忍讓，你是有底線的。

討好別人，不意味著會待人處世。既不被人欺負，又被人評價為心地善良，才是有智慧，會做人。

自以為與人為善，別人暗地裡笑你犯傻

有日在公園裡散步，看到幾個小孩子在爭搶一個風箏。五個孩子分成兩隊，都想自己那組先放飛那個漂亮的風箏，幾個小手都抓著風箏不願放開，小嘴也嘰嘰喳喳說著各種說服對方放手的理由。一個小孩子終於受不了，鬆手了，儘管臉上有很多的不情願，但還是故作大方地說：「算了，不跟你們爭了。」和他同一組的另一個小孩因為他的放手，顯得勢單力孤，最終也被迫放手。另一組的三個小孩歡呼著拿著風箏跑了。後鬆手的小孩一臉憤恨地衝向第一個鬆手的小孩喊：「你傻啊，讓給他們！」

這只是小孩子之間的嬉鬧，可是我心裡不免有些沉重。主動放棄、成全別人，本是一種善舉，卻被得益的一方譏諷為「犯傻」。而在成人的世界裡，可謂比比皆是。尤其對於那些，習慣了委屈自己、成全別人的討好者，被人笑為「犯傻」，幾乎是一種常態。

王駿從小接受「樂善好施」的教育，他爺爺常說的一句話是：「爭者不足，讓者有餘」，意思是說，爭奪者最後無所收益，而謙讓者越是推讓反而得到越多。要心存善念，謙讓待人，得到的會比爭得多。而父母則講究：「多栽花，少栽刺」、「退一步海闊天空」，教育他遇事多忍讓。所以王駿從來秉承忍讓的原則，能退則退，能忍則忍，寧肯自己吃虧，也不讓別人難受。

王駿覺得自己這樣和人相處，沒有人會說「不好」。事實也的確是，身邊的人都願意跟他交往，對他評價都很高。可是，王駿漸漸察覺到，他們之所以願意跟自己交往，實在是因為太容易從他這裡得到實惠。

小到公司分點心，女同事說：「王駿，你一個人能吃得了這麼多嗎？」他馬上說：「你拿回家，給孩子吃。」大到評考績，一連三年他們部門都提報他，可只要有同事來說：「哎呀，今年我升等考核很需要這個績效。」他立馬就把名額讓給人家。

王駿最大的退讓，是愛情。他時常對女朋友說：「我會毫無保留地對你好，但是如果你以後遇到一個比我對你更好的男人，你隨時可以離開我。」結果，女朋友真就有了新歡，倒不一定是對方對她比王駿對她更好，愛情這東西，誰能說得明白？反正女朋友變心了，提出分手的時候輕飄飄地對他說：「你是個善良的人，你會成全我和他的幸福的。」

而他呢，果然如女朋友說得那樣，拱手讓出了自己的愛情，還懷著善良的心，對女朋友的新歡說：「祝福你。」

知道內情的人都罵王駿「犯傻」，太過善良。而平日裡同事們在誇他是個好人的同時，背地裡也沒少說他傻。有一次，一個同事在一家鞋店買了雙劣質的皮鞋，王駿說：「你找他們退貨啊！」那同事接話：「你跟我一起去啊！」王駿點頭。結果，到了約定的時間，同事把鞋子和發票塞他手裡說：「我今天實在太忙了，不然，你幫我跑一趟吧！」王駿義不容辭地就去了。鞋店以鞋子品質沒問題為由，不予退貨。王駿央求了很久，對方態度堅決。他無功而返。

那同事一臉不悅地說：「你沒辦好退貨啊，有那麼難嗎？」王駿當即就覺得自己真的很無能，他又從同事手裡把鞋子拿過來，說：「我明天再去。」王駿連去了三次，鞋店的態度一次比一次惡劣。王駿忍讓、與人為善的內心沒有教會他別的解決辦法，除了一次次誠懇的請求，他不懂得用法律維護自己的權益，結果可想而知。

想到同事有些譏諷的表情，王駿覺得沒有顏面把沒退成的鞋子拿回去，於是一咬牙，自己掏錢去買了雙品質上乘，當然價錢也昂貴的鞋子，交給了同事，說：「這是鞋店給換的新鞋。」

後來，同事知道了事情的真相，來問王駿花了多少錢，王駿一再推讓不肯收。同事一再說謝謝，不好意思，改天請你吃飯。可一轉身，他在隔壁辦公室用很大的聲音說：「王駿就是個傻子！這事有他這麼辦的嗎？」這話很清晰地傳到王駿的耳朵裡，他欲哭無淚。

在討好者的心裡，自己與人為善，可在別人眼裡，他是在犯傻。他做的善事越多，付出得越多，別人越覺得他傻，是個爛好人。與人為善的基石是雙向而平等，若一個人單方面持續不斷地對別人善良，便沒有平等而言。久之，自己的善良會被別人濫用，且在享用的同時，還不忘送上一句「犯傻」的評價。所以，當別人用同情、憐憫的語氣對你說「你這個人太善良了」，你要明白，他不是在誇你，而是在暗示你「你在犯傻」。

人心很複雜，很多時候不能一味以己心度人心。不平等、一味地付出，很容易換回傷害。所以，給自己的善良設個底線吧！超越底線的善良，就是「犯傻」的過度善良。

不在意你的人，你付出再多也是廉價的

在寫下「廉價」一詞的時候，腦海裡總盤旋一個人的名字，中國知名歌手——「叢飛」。二〇〇五年，這個名字被千千萬萬人熟知。那一年他被診斷為胃癌晚期，卻無錢醫治，依靠朋友捐助湊醫藥費，但老天最終沒能留住他，時年三十七歲。在他拿不出給自己治病的錢的背後，是一組數字：十幾年來，他捐助一百八十三位貧困兒童，總計捐款金額逾三百萬人民幣。

作為歌手，他在十一年時間裡參加了四百多場義演，平時只要一拿到演出費用，就匯給他捐助的孩子們。他毫無保留的捐助導致自己的經濟捉襟見肘，三個人住在五十八平方米的房子裡，防盜門破出個大洞，門鎖也是壞的。家裡沒有值錢的家當，沒有怕丟的東西，衣服都是便宜的地攤貨。身體不適時候，為了省錢，叢飛只買成藥應付一下。直到生命的最後，叢飛也沒忘記幫助別人。他立下遺囑，無償捐獻眼角膜。後來他的眼角膜讓多位眼疾患者重見光明，可以說他用盡最後的力氣，讓這個世界少一些苦痛。

可是，讓我以及許許多多善心未泯的人心痛，甚至憤恨的是，叢飛的捐助換來的，更多的不是感激，不是珍惜，而是肆意的索取。從第一筆資助款捐助出去之後，叢飛在這條路上便停不下來。主因是他善良，看不得別人受苦。

妻子說，平時只要有人求助，他便毫不猶豫，有多大勁使多大勁去幫助對方。妻子的話也道出了叢飛滾雪球一般增加捐助擔子的次要原因：不斷有人伸手求他資助。據說，有的孩子家長打電話來時說得非常直截了當，甚至理直氣壯：「聽說你經常資助貧困學生，我家孩子也上不起學了，你也資助一下我吧！」彷彿這是叢飛理所應當做的。即便在住院期間，叢飛靠著朋友和社會捐助接受治療的時候，還有受捐家長打電話催他趕緊匯款。叢飛就這樣，被善心拖垮了，累倒了……

這事隨著叢飛的去世，漸漸淡出人們的視野，可是十幾年過去了，每每想起來，我依舊心痛。心痛善良的人捨命付出，在那些受助的眼裡，卻是廉價的，不懂感恩的。

相似的情景其實一直都在上演。很多長期接受捐助的人，漸漸就習慣了伸手索要，覺得別人給他錢是應該的。要是捐助人突然中止捐助了，他反倒不高興了，不僅沒了感激，還要指責捐助人：你不道德，你無情無義，你這麼有錢，為什麼不幫我了？

他們為什麼視別人的捐助如此廉價？因為來得太容易。換個角度，對於捐助者來說，若是給得太痛快，沒有節制，沒有底線。如此，付出越多，反而越廉價。

這種心理也體現在我們生活中的各方面。名人捐助離我們有點遠，那就說點近的——你愛你的另一半，掏心掏肺對他好，每天下了班不顧辛苦地幫他做飯、打掃，洗襪子、洗衣服，生日周年都用盡心思買禮物……剛開始他感謝你的付出，會擁著你用幸福的表情對你說：「親愛的，你真好！」漸漸地，他不但習慣了你對他的好，還認為這些都是你應該做的。要是哪一天你沒幫他洗衣服，他還會反過來埋怨你：「你怎麼回事？我沒衣服穿了。」要是節日沒收到你的禮物，他會不高興：「我的禮物呢？」

有個女孩子就很委屈地跟我說，她總是在週末耗費四個小時坐火車去看在異地工作的男朋友，有一次她實在太累了，打電話請男朋友來看她，結果男友卻說：「一直都是你來，為什麼要我去找你呢？」

再舉個例子，假設你每天都習慣帶兩塊巧克力去上班，感到疲憊的時候，掏一塊鄰近的同事，他吃一塊，你吃一塊。久而久之，每天同事都等著你給他的巧克力。某天，當你只帶了一塊，掏出來猶豫一下，決定自己吃的時候，同事就極有可能反過來對你說：「我的那塊呢？」若你是討好者的話，相信你也只好把剛要送到嘴裡的巧克力遞給對方。

又或者你從小心疼弟弟，爸爸媽媽分給你們兩人的零食，你總把自己那一份給弟弟。長大了，只要能力所及，你也願意把本是自己的東西讓給弟弟。結果弟弟結婚的時候，沒有新房子，弟弟對你說：「把你房子讓給我做婚房吧。」

你驚訝地問他：「那我住哪裡呢？」弟弟不以為然地說：「你自己想辦法。」你反問：「為什麼不是你自己想辦法呢？」而這次弟弟把聲音提高八度：「我想的辦法就是用你的房子結婚！你不是一直都讓著我的嗎？你把房子讓給我，你自己再找房子。」結局是，你和爸爸媽媽擠在一起，把房子讓給弟弟，就如小時候讓一塊蛋糕給他一樣，連聲「謝謝」都沒換來……

這些事情是不是很容易就引起你的同感？因為這些事件實實在在發生在我們的身邊，這些故事都是我身邊的人的親身經歷。

不要感嘆人心太冷，「登門檻心理效應」告訴我們，這是一種心理慣性。無節制的付出，會培養出無節制的索要；無底線的善良，會培育出無底線的怨恨。

「升米恩，斗米仇。」先人們很早就總結出這個道理。所以，如果不想讓自己的付出變得廉價，不想讓自己善良的心受到傷害，就請節制付出，別透支自己的愛。**學會拒絕，會讓自己擺脫負累，活得輕鬆，更會讓他人懂得珍惜別人的饋贈。這是對自己的救贖，也是對他人的點化。**

每一次討好，都是對自我的踐踏和凌辱

有時候我們付出的越多，別人就越不珍惜從我們這裡得到的東西。當他們把我們的付出看得很廉價的時候，那麼，他們對我們這個人，我們的價值、我們的自尊需要、我們的人格，也就降低了。換個角度來說，我們每一次付出，都是在降低我們自己，每一次討好，都是在踐踏我們自己。尤其是面對一些不懂得尊重別人、別有用心就是想佔便宜的人，我們的每一次討好就是對他們肆無忌憚的欺人之心的縱容。

古希臘寓言故事裡，有一則《阿拉伯人和駱駝》的故事。在一個寒冷的冬夜，一位阿拉伯人正坐在自己的帳篷裡取暖，突然門簾被撩起來，他的駱駝在向帳篷裡張望。阿拉伯人問它：「你有什麼事嗎？」駱駝說：「主人啊，我快凍壞了。懇求你，能讓我把頭伸進來暖和一些嗎？」大方的阿拉伯人說：「好，沒問題。」於是，駱駝把自己的頭伸進帳篷裡。過了一會，駱駝又懇求道：「能讓我把脖子也伸進來嗎？」阿拉伯人爽快地說：「好啊。」駱駝於是把脖子也伸進了帳篷。接著，「讓我把前腿也伸進來，好嗎？」駱駝說。阿拉伯人依舊答應，但因為帳篷太小了，駱駝的前腿伸進來後，阿拉伯人不得不挪動自己的身子，給駱駝騰出一點地方。

然後就聽駱駝說：「其實我這樣站著，打開帳篷門，反而害得我們倆都受凍，我可不可以整個站進來？」阿拉伯人覺得駱駝說得有道理，更何況，他的確也心疼自己的駱駝，於是，又點頭同意了。駱駝那龐大的身軀整個鑽進帳篷裡，阿拉伯人被擠到了門邊，駱駝只輕輕一推，他就被推到了門外。就這樣，駱駝佔據了整個帳篷，阿拉伯人被擠了出去。

阿拉伯人的每一次付出、謙讓，換來的都是駱駝利用他的善良得寸進尺的侵略，換來的是自己的利益被掠奪、人格被踐踏。我們身邊有沒有這樣的「駱駝」？

程穎是個心地善良的女孩子，對朋友的求助向來不好意思拒絕。有一次，她的閨蜜海娜打電話請他一起參加化妝品展示會，只要去展示會上轉一圈，就能得到某知名化妝品大廠送的贈品。程穎本不想去，因為她對化妝品沒什麼興趣，但拗不過海娜的請求，於是就答應了。後來才知道，贈品只贈送給拉人來看展示會的人，也就是說，她被海娜拉去，海娜得到了贈品，而她自己只是充當了海娜的業績。

程穎心裡很不舒服，因為海娜事先並沒有跟自己說明。「她如果事先說，我不會不幫她的。」但海娜覺得：「哎呀，你那麼善解人意，這點小事有什麼好計較的？」程穎儘管心裡不舒服但也不再多說了。

沒過多久，海娜又來找他。「你幫我個忙吧？我姐姐剛進保險公司，急需要完成幾個訂單才能轉正職。我在她那裡買了保險，你也買吧。她一定會推薦最好的險種給你，就算你不滿意，等她轉正職後，再幫你退掉。」程穎依舊不好意思說「不」，辦了兩份自己並不需要的保險。

一段時間後，她無意中得知，海娜自己的保險辦完後很快就退掉了。她便問海娜：「你明明知道我不需要保險，你在退你的保險的時候，為什麼沒想過幫我也退掉呢？」但海娜卻振振有詞地說：「我當時急用錢，沒有錢續交保費才退的。你又沒什麼事，這保險真的不錯，退它幹嘛？」程穎再也說不出話來。

然而，「駱駝」並沒有停下侵犯他人的腳步。

這次，海娜要買房子了，她再次向程穎提出請求，首付幾十萬，希望程穎能幫忙湊。

程穎二話不說，把自己工作幾年積攢下來的錢都取出來，各種零散錢也一併湊了二十萬借給海娜，海娜如願順利地買到了新房。

幾年後，輪到程穎想買房子，需要用錢了，萬般不好意思地問海娜：「能把之前借你的二十萬還我嗎？」海娜卻瞪大眼說：「你知道，我光房子的裝修就花了好多錢，還有這些家具，房子是買了，但我現在欠了一屁股債。你這時候找我要錢？我哪有錢給你？」

程穎覺得很委屈，心想：你在困難的時候，我想盡辦法幫你。現在我需要幫助了，不求你幫我，但欠我的，你都不肯痛快還我。而海娜心裡卻沒有絲毫愧疚，在海娜心裡，你幫我，是因為你有能力幫；我不幫你，實在是因為我自己都顧不過來。

程穎就如之前故事中的那位阿拉伯人，一次次容忍他人對自己的攻城略地，最終弄得自己狼狽不堪，對方還理直氣壯。

別怪別人的無情和兇狠，是討好者一次次地給對方傷害自己的機會，默許對方的侵略，一點點讓出自己的領地。

一味地付出，意味著一味地吃虧、被侵犯。一味地討好，意味著一味地不被尊重。就如蔣方舟講述的，她向男朋友道歉了兩個小時，換來的只是譴責，而非疼惜和自我檢討。

請大家不妨換一種態度試試，在這樣的情況下，告訴對方，我很生氣，我一再道歉，是因為我有修養，我遷就你。但這不代表你就可以一再指責我！保證你的心舒展了，對方也收斂了，整個世界安靜下來，變得溫和了。

一個人再心地善良，再善解人意，再對別人好，對別人寬容大度，也要把自己的尊嚴，自己的人格、利益牢牢把住。你不把自己當回事，何以讓別人把你當回事？

違心的代價是委曲求全與內心的煎熬

很多時候，「討好型人格」的人免不了說著違心的話，做著違心的事，委屈自己成全別人。在他們看來，這是善於自我克制、寬容大度，是友善有修養的表現，是一種謙和善良的好品質。可是，謙和在外在掩蓋下，常常是充滿焦慮的內心。他們違心地順從別人，放棄自己的利益，內心勢必是委屈的、無奈的、壓抑的。**違心導致自我需求得不到滿足，真實意願得不到表達，那種挫敗感、幽怨的情緒，對心理健康的傷害很大。**

而更大的傷害在於，「討好型人格」的人抱著「委屈自己，成全別人」的信念，希望能換來同等的「成全」，可往往只是把「成全」給了別人，給自己留下的只有委屈，沒有成全。當委屈換不來自己想要的結果，那事後的憤懣情緒就會更加濃烈地升騰，更加強烈地折磨自己。

吳濤娶了一個富二代，從戀愛時候他就一直心存討好之意，結了婚更是小心翼翼，處處討好老婆。因為在他心裡，自己是配不上對方的。兩家差距懸殊，人家是標準的「下嫁」。所以，只要是老婆喜歡的，他再難都要想辦法滿足她；兩個人有爭執了，就算不是自己的錯，也主動道歉，哄老婆別生氣；自己承擔了所有家務，再忙也不讓老婆插手。但他做的這一切很少換來老婆的肯定和讚許，相反，老婆今天嫌他炒的菜鹹了，明天訓斥他買的花不漂亮。

吳濤當然心裡委屈，有時候真想大吼一聲：「我這一切還不都是為了伺候你！」但這也只是在心裡想想，臉上從來都是掛著討好的笑，只希望自己下次能做得更好，讓老婆挑不出刺來。事實卻是，他做得越多，聽到的抱怨和指責越多，他越是委屈，對方就越是飛揚跋扈。吳濤婚後的日子，過得更是百般憋屈。父母偶爾來住上一天，都受不了兒子受氣，唉聲嘆氣地離開。他們說：「你這麼委曲求全，什麼時候是個頭啊？」

吳濤不明白，委屈自己討好對方，就意味著壓抑自我。那個「我」越來越渺小，越來越虛無，對方便也越來越膨脹，越來越龐大。自己節節退，對方就會步步進。自己的委曲求全只會讓自己更委屈、內心更煎熬。

過度的容忍和善良，只會給別人肆意傷害自己的膽量。所以，要學會「止損」。

在委屈至極也求不來「全」的時候，不如強橫地說「不」，讓不對等的境況得以扶正。**正如作家余華說的：「當我們兇狠地對待這個世界時，這個世界突然變得溫文爾雅了。」**

作家三毛曾遭遇過這樣的經歷：她準備出國遊學，在臨行前父母叮囑完生活方面如何照顧自己之後，說得最多的是「出門在外凡事忍讓」、「不要跟人計較，要有寬大的心胸」。「遇事退一步海闊天空。」這些話聽著是不是特別熟悉？因為絕大多數傳統家庭都是這樣教導孩子的。

三毛記在心裡，並把這些當作自己的行為準則。當她到達西班牙，入住女生宿舍後，最初一段時間裡，她和室友們相處融洽。每天她都認真把宿舍打掃乾淨，床鋪整理整齊，從不計較多付出、多辛苦。但是三個月之後，鋪床打掃宿舍就成了她一個人的任務，她成了被支使和推卸責任的人。大家習慣了什麼事都讓她做，習慣了接受她的照顧。

面對這種境況，三毛內心當然是委屈的，但想到爸爸媽媽的叮囑，她選擇了忍耐。她期望委屈能夠「求全」，能換來大家的友善。但過分的謙和使她成為別人眼裡的傻瓜，直到有一天，室友們在她的床上喝酒打鬧，院長把怒氣都發洩在她身上時，三毛再也不想容忍，憤而反抗。這一反擊一下子震懾住了室友和院長，從此沒人再敢肆意拿她不當回事，她得到了久違的尊重和內心的平靜。

由此可以看出，當我們一味地討好忍讓，委屈自己，並不能換來自己想要的「成全」的時候，當我們一次次的期待只是鏡花水月的時候，就應該適時止步，停止討好的舉動。該反擊的時候就該毫不猶豫地反擊，給自己的自尊強而有力的保護。

有些人，有些時候，是不值得我們一而再、再而三地違心迎合，委屈自己的。他們讀不懂我們的寬容、我們的謙讓、我們的委曲求全；讀不懂我們的涵養、我們的修為、我們無私的內心。面對這樣的人，唯有大聲說出我們的真實需求，大聲告訴他們：我不想，我不要，我不會！你才能實現對自己的成全，才能實現人際交往的平衡，才能永遠擺脫討好心理引發的內心煎熬。

如果討好有用，還要努力幹什麼？

回顧一下本小節存在於老好人頭腦中的種種錯誤想法：只要我對別人好，別人就一定會對我好；我處處順著別人，對一切無害，我便能收穫和諧的人際關係；我樂於助人，有求必應，別人會覺得我人好，會做人；我與人為善，樂善好施，無私奉獻，人們會肯定我，欣賞我……

通過對討好者和接受討好者兩個角度的心理分析，我們明白這些想法無不是自欺欺人，或者說是病態的幻想。在他人眼中，一個「討好型人格」的人，很容易會被貼上「軟弱可欺」、「別有用心」、「犯傻」等標籤。這些標籤就如魔咒，把討好者禁錮在這些標籤下，任其窮盡心力也掙脫不開。

無論是出於自卑，出於缺乏安全感、自我價值感、存在感、愛等造成的內心空虛，還是出於渴求別人對自己的認可，討好他人都解決不了根本問題。

看看那個一生都在討好，可是一生都被嫌棄的松子；看看那個捐助幾百個孩子，卻最終被善心拖垮逝去的叢飛；看看《芳華》中那個把自己低到塵埃裡，耗盡自己去幫助身邊每個人，卻依舊被隔離到圈外的劉峰……訴說的都是同樣一個血淋淋的事實：**越是討好，越是被看不起。**

如果討好有用，還要努力幹什麼？對，要解決根本問題，需要的是努力。唯有努力讓自己強大了，才能消除自卑，修補內心的坑洞，完美自己的形象。唯有讓自己強大了，成功的事業、甜蜜的愛情、幸福的婚姻、和諧融洽的人際關係，才會追隨而來。

有人會說，討好者之所以有討好心理，就是因為不強大、難以強大。如果能很容易強大起來，他還會被「討好」心理禁錮嗎？我想說，**強大從來沒有遠離過每一個人。或者說，只要願意，每個人都可以在自己身上找到讓自己強大的點。**討好者不是不強大，而是不覺得自己強大。因為不覺得強大，才總是抬高別人，放低自己。

一直以來我都很喜歡「強」、「大」這兩個字。看這個「強」字，《說文解字》中的解釋是指一種叫「蚚」的蟲子。拆開來是一個「弘」加一個「蟲」，意思是能發出巨大聲音的蟲子。蟲子發出巨大的聲音，自然給人以強悍、雄厚之感。造字者似乎在告訴我們，即便是一個小蟲子，只要能激發出它身體裡的能量，它一樣會很強。再看這個「大」字，像極了一個恣意隨性、伸胳膊撂腿地把身體最大化舒展在天地間的人，也就是說一個人不受拘束、無限舒展即為「大」。

由此看來，強大並不難，即便是小蟲子只要發出洪亮的聲音，就可以顯示出強大的力量，更何況一個人，難不成還比不上小蟲子強悍的內心世界嗎？原本我們就自帶強大的能量，卻總是在自我否定、在仰視別人。就如本就生有雙翼，卻渾然不覺，每天匍匐在地，仰望藍天上展翅飛過的大雁一樣。

因此，將自己變得強大是一切的根本，我們需要從以下三個方面入手：

第一步，相信和挖掘自己的強大

平時多看自己的優點，多給自己肯定。想一下，我們有缺點，別人也有。而別人有優點，我們的也不少。為什麼要自卑，覺得自己不如人呢？不妨多拿自己的優點和別人的缺點比，越比就會越自信，就會越覺得自己很強大。

第二步，要懂得討好自己

與其討好全世界，不如討好自己。何必和自己較勁呢？要學著對自己好一些，聽從自己的內心。

沒有人能讓全世界都喜歡自己、接納自己，就像我們無法滿意身邊的所有人，當然我們也無法讓身邊每個人都對自己滿意。

好吧，你不喜歡我，那是你的事。我只做我自己，怎麼舒服怎麼來，只要沒妨礙到你。也就是說，別太在意別人看自己的眼光、別人對自己的評價。別人說你好，你是你；別人說你不好，你依舊是你。

第三步，討好別人不如武裝自己

我們若是隻羊，想方設法討好獅子，牠就不吃我們了嗎？可我們若是隻獅子，我們還擔心被獅子吃掉，而去討好另一隻獅子嗎？提升自己，讓自己變得強大才是王道。事實證明，這世上所有成就一番事業的人，都不是靠討好別人，靠的是實力。自身的實力，才是立世的根本，才是贏得別人認可的資本。

後面的章節會深入闡述如何壯大自己的實力。所以，這裡點到為止，算是綱領。總之一句話：「與其耗費心力和時間去討好這個世界，不如專注於自己的內心，讓自己強大起來，成為別人討好的對象。」

Part 4

增強人際關係的邊界意識，設置心理底線

討好者之所以老吃虧、受害，根源在於沒有人際的邊界意識，幫忙和付出沒有自己的底線和原則。善良本無錯，但是過度善良到自我利益都沒法保護的程度，就是犯傻。像生活中最常見朋友向自己借錢，不管自己經濟能力如何，就滿口應允；同事一開口請你幫忙，明明已經被工作壓得喘不過氣來，但還是放下手邊的工作去幫同事。

增強人際關係的邊界意識、設置心理底線就等於幫自己樹立一道自我保護的屏障。少了這道屏障，我們就無法分清楚哪些責任是自己的，哪些責任是別人的；哪些事情是我應該處理的，哪些事情是他人應該負責的；哪些感受是我應該有的，哪些感受是外界強塞給我，而我可以堅定拒絕的。

八面玲瓏不可取，留出兩面防禦

這個標題的靈感來源於別人送給作家阿城的一句話：「做人不可八面玲瓏，要六面玲瓏，兩面有刺。」阿城沒有解釋這句話的具體含義，但我們可以結合他的人生歷程來理解：如果人生有八個維度，八面都玲瓏，事事都順應社會，那就失去了自我，沒有獨立的個性和自我價值的體現。我們可以拿出六個面來順應這個社會，學會和社會、他人和諧相處。另兩個面要養刺，養刺做什麼呢？用來保護自己，保持自己獨立的個性，不至於淹沒於人海中，找不到自我。

我對這句話欣賞有加，所以引用到這裡，引申其意，送給具有討好型人格的人們。被討好心理所累的我們，不妨在自己人生的維度裡，用六面去玲瓏，留出兩面養刺，用來防禦，防禦那些利用我們的過於善良對我們進行侵犯、傾軋、掠奪、欺負等負面的外來力量。也就是說，用這些刺給自己的心築起一道「籬笆」，給自己建立一道自我保護的屏障；然後用這些刺作為保護自己的武器，回擊那些入侵我們領地的人。

討好型人格的人之所以處處順從，忽略自我，正是因為缺乏人際交往的邊界意識，缺乏「自我領地的圈地意識」。因為他本身就邊界模糊，沒有在自己的領地主動豎上一塊牌子，寫上「私人領地，嚴禁侵入」，而是沒有界線地討好別人，打開自己的領地，任人隨意進出，所以，別人也才會恣意漠視和侵犯他的權益，主宰他的意志，控制他的內心，而且拿他不當回事，回過頭來還說他犯傻。

要改變自己一再吃虧、被欺負的局面，就要學著給自己的領土設立邊界。動物尚有圈地意識，向外界宣示自己的領地不容侵犯，更何況有尊嚴、有人格的人類？當意識到對方在侵犯自己的利益的時候，在利用自己的善良侵害自己的時候，馬上立起那兩面的刺來，告訴他：這是邊界，不要再向前一步。如此，才能免受傷害。

前幾天我便如此引導一個有「討好型人格」的人有力反擊譏諷他的人，獲得全勝。那人叫國盛，是我的一個遠房親戚，老婆因做手術而住院，他在陪床。我去探望病人的時候，就看他忙前忙後，不僅照顧自己老婆，還照顧同房間的另兩個病人，幫他們裝水、倒垃圾、叫護士，總之，只要那兩人一有什麼需要，他立馬就站起來，比兩人家屬反應都快。只不過十分鐘時間，我就感覺到右側那個歲數大一點的阿姨，在接受國盛幫助的時候，很吝嗇於說聲謝謝，大有理直氣壯之感。

更讓我感到訝異的還在後面。我和國盛夫妻倆聊天，那阿姨老插話，且言語間帶著明顯的輕視和揶揄。比如，我說國盛這幾年發福了，她馬上說：「你這啤酒肚，挺滑稽的。」國盛說自己椎間盤突出，她來一句：「你才多大歲數啊？還得這病！」當了解到國盛三十七歲時，她更是發出譏笑聲，滿臉傲嬌地說：「哎呀！你才三十七歲啊，怎麼像五十幾歲小老頭似的。我兒子還比你大一歲呢！等會兒他來了，你看看，我那兒子要身材有身材，要長相有長相，嘖嘖，你這差遠了……」

國盛全程面帶謙卑，聽她說出這麼沒有禮貌，毫無尊重之意的話，一臉尷尬，但還是勉強擠出微笑。在國盛出去裝水的空檔，我發訊息給他：「對待不懂尊重別人的人，不必一味尊重。不然，她今天一邊接受著你的幫助，一邊譏諷你，明天就有可能指使著你，還嘲笑你。」國盛回道：「我不好意思啊，忍忍吧！過幾天就出院了。」

「你的善良、忍讓在她那裡是老實懦弱的代名詞。她有什麼理由如此不尊重你？你又為何要一忍再忍？最起碼要告訴她你的底線在哪裡。一會兒看我的暗示。」

國盛裝水回來，我們繼續閒聊，那阿姨繼續插話，繼續展現她不知從哪裡來的優越感。我突然話題一轉，微笑著問她：「阿姨，您兒子是做什麼工作的啊？」、「哦，兒子是公司職員呀！那您孫子多大了？」她一愣，臉上有些許遲疑，但迅速就恢復坦然，以慣有的傲氣語氣說：「哎呀，還沒結婚呢！」

以我們平日裡的涵養和修為，以及與人交流的基本準則，聽到這樣的話，我們一定是面色平靜，語氣也絲毫不流露驚訝，不露痕跡轉移話題，與人為善嘛，怎麼可以故意去戳人家難堪的點呢？但，對於當天的對談我覺得完全可以拋開平常思維。於是，我故露驚訝，提高了音量說：「哎呀，三十八歲了還沒結婚啊？也夠瀟灑的啊！不過，當鑽石王老五也挺好的。」

只見那阿姨的臉色一沉，翻著白眼看著我不說話，我再補上一刀：「您當媽的不著急抱孫子啊？」她更是氣得說不出話來。這時候我瞄了一眼國盛，丟個眼神給他。國盛憨厚地笑說：「我哥說話直，阿姨您別介意。有時候說話還是得考慮對方的感受和心情，您歲數比我們大，肯定比我們更知道這個。」那阿姨嗯啊應著，翻身躺下，再沒插話。

幾天後我再去醫院看國盛夫婦，那阿姨對國盛的態度已經判若兩人，接受國盛的照顧，也知道說謝謝了，看國盛的眼神也沒有居高臨下的傲嬌之氣了。國盛悄悄跟我說，他知道自己就是太老實了，容易讓別人欺負。沒想到這小小回擊一下，讓旁人知道自己不是懦弱，讓著對方只是不想計較，對方就知道收斂了。

學會有鋒芒的善良，說的就是這個道理。養好那兩面的刺，在受到侵犯的時候，讓自己具有自我保護的能力，這很重要。

最易迷失不是叢林，是人群

置身叢林找不到方向的感覺，大家都能體會，但迷失在人群中，大多人卻常不自知。在叢林中迷失的只是方向，作為獨立個體，獨自行走於叢林中，是可以很自我的，想怎麼走就怎麼走，想穿什麼就穿什麼，完全不必考慮別人的議論、看法、眼光。

但置身人群中，我們會忍不住在意別人的看法，留意自己的言行舉止，關注他人的感受，因此，無法想說什麼就說什麼，想做什麼就做什麼，有時候還要刻意隱藏自己的真實想法，按照別人喜歡的方式去做事。如此磨滅自己的感受、想法、意願和個性，自然也泯滅自我，讓那個獨立的「我」消失在茫茫人海了。

對於「討好型人格」的人來說，每天說違心的話，做著討好別人的事，敏感於別人的眼光、表情，忽略自己內心的聲音，沒有自己的想法和追求，甚至扭曲自我，去迎合別人，已然是完全迷失於人海之中了。

討好者要把自己從迷失狀態中解救出來，最根本的一點就是，在心裡建立人際邊界。就是說，我就是我，你就是你，他們就是他們，劃分清楚邊界，然後在自己的領地裡，保持自我的意願、個性和想法。

就針對討好者重要心理特徵「為別人著想」這一點，來具體說明「分清人際邊界」的建議做法。之所以選這個具體的點，一是因為這普遍存在於具有討好者的心裡，無論做什麼總是把「別人」放在首位，他人會怎麼想？怎麼看？怎麼說？因為太為別人著想，不論是誰的責任，都把事情往自己的身上攬，然後忽略自己、委屈自己、犧牲自己，筋疲力盡，卻循環不止，不能自拔。二是因為這一點對討好者的心理危害太大，「為別人著想」就像一根「緊箍咒」，讓討好者深陷其中，迷失自我。

「為別人著想」的根本原因是，內心缺乏清楚的人際邊界，說通俗點，就是分不清自己的事和別人的事：把別人的事都當成自己的事，所以「有求必應」；把別人的責任都當成自己的責任，凡事「都是我的錯」。與此同時，不會表達自己的需求，不敢表達自己的真實情緒和想法，「我」消失了，只一味包容、順應別人，一味為別人著想。

要解決這個問題，最直接的辦法就是在心裡劃一條清楚的界線：邊界內的，與我有關，我負責；邊界外的，與我無關，我不用理會。那麼，如何劃分這條界線呢？只需把握這麼幾點：

1. 區分是自己的事，還是別人的事

是自己的事，義不容辭去做；是別人的事，根據主觀意願，不想做就堅決不做。舉個例子：快下班了，同事說：「哎呀，這文件還沒處理完。」討好者聽後，按照舊有邏輯一定會這樣想：同事工作沒做完，他一定很著急。如果我不幫他，他一定要加班了；我不幫他，他會生氣；我們以後的關係一定會受到破壞……一連串的設想都在為那個同事著想，然後就像自己沒完成工作一樣，義無反顧地去幫他了。可這樣做的結果是，下次同事的工作沒完成，同事還會找他幫忙，從此就真變成了自己的事，這就是缺乏「人際邊界」。

一樣的情境，同樣還是聽到同事那句「文件沒處理完」的話，我們換個思維模式：同事工作沒做完，這是他自己的事；他很著急，這是他正常的反應，工作做不完當然著急；他加班也是應該的，工作是他自己的；我不幫他，因為他工作沒做完是他自己的責任，我

也有自己的事情要做；我們以後的關係如何，跟我幫不幫他這件事毫無關係……這才是健康的關注我自己、也能正確看待別人的思維模式，是一種「人際邊界分明」的思維模式。

2. 區分是自己的責任，還是別人的責任

是自己的責任，毫不遲疑承擔；不是自己的責任，一定不替別人背黑鍋。伴侶說，我為了你放棄了喜歡的工作，你一定得對我好。於是我們心懷歉疚、感恩，把「對他好」當成自己的責任，他稍微不如意、不高興，我們會自責，並接受他的譴責。為什麼不想一想：他放棄工作，那是他自己的選擇，他要為自己的選擇負責，而不是綁架你的感情。

小時候，父母吵架，媽媽哭著對我們說：「要不是為了你，我早就跟你爸爸離婚了。」於是，爸媽一吵架，媽媽一哭，我們就內疚不已，覺得都是因為我們，才讓媽媽如此痛苦。為什麼不想一想：他們不離婚，是他們自己的決定。他們吵架，也完全與我們無關。我們沒有理由為他們的幸福負責，沒有理由為他們的痛苦背上包袱。

我們和同事一起出去辦事，同事的手機丟了，我們在心裡自責：哎呀，我要是留意一

點，機靈一點，就能發現小偷，同事的手機就不會丟了。然後，我們覺得對不起同事，覺得他手機丟了，我們也是有責任的。為什麼不問一問自己：我們有責任幫同事看護好他的私人財產嗎？我們要為他丟失東西負責任嗎？

總之，我們面對的是迎合別人還是接納真實的自我，是順從別人還是守護自己的內心，是敏感於別人的目光還是走自己的路讓別人說去吧……

面對諸多選擇時，我們多問問自己：此時在我們的心裡，邊界在哪裡？哪裡是我，哪裡是別人？問清楚之後，堅定地對自己說一句：這和我沒關係。如此即可。

距離是美，與人交往請保持安全距離

人與人交往，心理上都是有一個空間距離的，所謂的「親密無間」是不存在的。人類學家愛德華．霍爾（Edward Twitchell Hall，Jr）把人際交往的身體距離劃分為四個等級：一種是可以肌膚相觸、耳鬢廝磨的親密距離，限於戀人、夫妻、父母與孩子，以及特別貼心的同性朋友之間；一種是身體接觸不多，但可以握手及友好交談的個人距離，限於熟人、一般朋友之間；一種是又遠了一步的社交性、禮節性的社交距離，工作場所和社交聚會中通常保持著這種距離；最後一種是公眾距離，適用於演講者與觀眾、領導者面對下屬講話等公開場合。

這四種不同的身體距離對應不同的人際關係和情境，在不同的情境和關係下，人們保持與之對應的空間距離，否則就會出現心理不適。比如，擁擠的公車上，親密的情侶可以毫無顧忌地擁抱，但陌生人之間都僵直著身體，儘量保持彼此之間的距離。不然，就會覺得尷尬和不舒服。

在正常的人際交往中，人們大多懂得運用距離效應，根據彼此的親密關係程度來不斷調整雙方的心理距離。當有人破壞距離效應，比如一個不屬於自己親密距離範圍內的人，隨意闖入了自己的親密空間，那麼自己內心就會有不適感，然後出於自我保護，就會做出相應的距離調整，比如自己後退、拉大距離；或者進攻、逼退對方。總之，我們和別人保持在一個相對舒適和安全的心理距離。

但對於「討好型人格」的人來說，他們缺乏這種調整人際心理距離的能力。他們與人交往，本著與人為善的原則，無論親疏遠近，對誰都笑臉相迎，都順應別人的要求，朋友有需要，再難都會挺身而出，有求必應，不懂拒絕。當別人習慣了他的給予、付出、幫助，也習慣了對他提出要求，一而再、再而三，沒有底線地向他索取，向他求助；甚至開始拿他不當回事，肆意侵犯他的利益，還在心裡笑他傻的時候，他的內心是會感知道這種突破安全心理距離的進犯，並感到不舒服。但是他不懂得如何調整距離，維護自己的心理邊界，只一味地忍讓，繼續面帶笑容，承受這種進犯。久而久之，便只為別人而活。

我剛才說了，正常的人際距離維護的方式無非兩種：自己後退或者擊退對方。前一種適用於那種無意進犯，發覺對方的退讓之後能夠自覺立定，不再隨意闖入禁區的人。而對於那些別有用心、有意一再進犯的人，「奮起反擊，逼其後退」無疑是最好的選擇。否則，退到無路可退，自己的領地盡失，何談「自我」？

比如我的親戚國盛，和臨床阿姨本是處於社交距離的一種關係，彼此說說客套話，聊聊天氣，才是正常距離。可那個阿姨一而再、再而三突破親密心理距離，無視國盛的自尊需求，說一些本不該從她的嘴裡說出來的譏諷國盛的話。若國盛不反擊，對方便會得寸進尺。這種時候，就要做一隻刺蝟，豎起自己身上的刺，逼退對方，讓她和自己之間保持一個安全的心理距離。

我們沒有義務為了別人的快樂而活，沒有義務為所有人服務。當我們的「討好」慣壞了周圍的人，讓自己的付出變得廉價，讓自己的心理距離一再被人突破的時候；當我們的一味忍讓換來的是對方的不領情、步步進逼、得寸進尺、蹬鼻子上臉的時候，不妨對自己說一聲「停」，止住後退的腳步，然後和他們搏鬥。

有一個怯懦的女孩子對我說，這個做起來很難。她時常被別人譏諷，但從來不敢回擊。她很羡慕那些被別人惹生氣了，敢張嘴就罵的人，可她連個不悅的臉色都不敢流露，生怕對方不高興。

我說，那就從最簡單的做起。比如，我們習慣了對別人微笑，哪怕那個人的言行已經很讓我們生氣了，我們內心怒火沖天，淚水也在奔湧，但臉上還是堆著笑容。這個時候，就要對自己的笑容說一聲「停」。不對那個人微笑，我們就邁出了反擊對方的第一步。當我們能控制自己的表情，我們就能進一步控制自己的內心。下一次，我們就有勇氣對他譏諷的話說一聲「停」。

後來，女孩子很興奮地告訴我，那個平時總喜歡用語言對她進行性騷擾的同事，某一天對她說：「你知道什麼叫『種草莓』嗎？你看小劉脖子上那塊紅色的印跡，像不像別人給他種上的草莓？你脖子上有沒有啊？」她立刻板下臉對他說：「我對這樣的話題不感興趣，你最好不要再說了。」那個人果然無趣地走了。女孩子成功地擊退了來犯者，心裡感覺很愉快。

改變自己，就是這麼簡單。我們的笑容掌握在我們自己手裡，我們的安全距離也由我們自己控制和把握。感覺到不舒服，感覺到被侵犯，就要清晰表達自己的不滿，就要乾脆俐落地回擊。

前幾天看到一句話：「當那個人的要求很無理，侵犯到我的時候，儘管我在心裡說，原諒他吧！但嘴上我是一定要回擊過去的，寧肯把他氣死，也不能把我自己憋死。」

「寧肯把他氣死，也不能把我自己憋死」說這話的那個人，該是怎樣的快意人生啊！

距離是一種美，儘管「討好型人格」的人希望和每個人都相處融洽，但一定要記住一句話：保持安全距離！

沒有絕交就沒有至交

一個朋友對我發牢騷：我有很多朋友，該交的，不該交的，都交了。在大家眼裡，我是一個很有人緣的人。平時他們有什麼困難，只要我知道的，能幫上忙的，我一定要幫。在圈子裡提到我，每個人都說：「那人很仗義，是個熱心人。」而且，我喜歡做東請朋友喝酒，只要一招呼，每次都能來一大幫人，顯得我特別有號召力。他們一口一個「哥」地叫我，給我敬酒，很有面子。

可是，當我遇到點事，需要他們幫忙的時候，一個個跑得比誰都快，回絕的話說得一個比一個絕。那天我急需湊一筆錢，打了將近十來個電話，沒有一個痛快說：「我借給你。」要知道這些人平時都是接受我幫助過的，其中有幾個找我借錢，我真是勒緊自己的褲腰帶，也把錢拿給他們去解「燃眉之急」的。這件事真是給我一記耳光，我平時這老好人當的啊，純粹是傻！

現代社會，很容易交到朋友，手機點一點就可以輕鬆加好友，幾個人喝杯酒就可以稱兄弟，隨意建個群，很快就能發展到幾百人。尤其對於有討好心理的人來說，似乎全世界的人都可以做朋友，在他們心裡，對誰都友好，對誰都要付出一顆友善的心。有人對他說了句體己話，就可以「士為知己者死」；有人送他一個微笑，就要回之以整個春天。

可以說，討好者是「貪心」的，出於讓所有人喜歡的渴望，看不清主次，甚至分不清敵友、真情還是假意。把自己的時間和精力平均分配給身邊的所有朋友，結果落得個出力不討好，沒有真正靠得住的朋友。所以，**朋友多了意味著沒朋友。抱著討好所有人的心，對每個人都平等溫柔，結局只能是讓自己陷入超負荷輸出，**卻收穫不到期望的回報。就如我那個朋友，對每個人仗義，把每個人當至交，結果在自己需要幫助的時候，看不到一個真心的朋友。

其實，朋友也是分三六九等的。這個三六九等當然不是按社會地位、經濟條件等來區分，而是視他們與自己互動的親密程度來界定。如果和這個人在一起，一直都只是你在單方面付出，對他一味討好，卻得不到他情感上的回應，那麼這個人不值得你當親密朋友對待。我這樣說，不是在宣揚「付出一定要有回報」、「感情互換互利」、「朋友有用論」

等，這完全是兩個概念。

我們前文中說，每個人都有討好心理，都希望和別人相處融洽，所以朋友之間唯有互相討好，希望對方快樂，希望自己對對方有用，這友情才有維繫下去的推動力。否則，兩個人便不對等，討好者處於低下的，仰視的角度，友情就變了味。

所以，當我們為了擁有融洽的人際關係而試圖讓所有人喜歡我們，把所有人當朋友，對每個走近我們的人都散發熱情、善良的時候，我建議你改變做法：把自己的朋友分分類，劃劃界線。先把所有朋友羅列出來，列個清單；然後根據親密等級把他們大致分為三類：一類是認識的人，只限於認識，見面點頭打招呼問好的點頭之交；一類是泛泛之交，和自己熟悉、有交往但不密切的朋友；還有一類就是親密的朋友，交往密切，感情上互相信任、互相依賴、互相照顧。

接下來，對這三類朋友再進一步區分。對第一類和第二類朋友，拿出正常的，符合社交尺度的熱情和善良對待。對於對方提出的幫助請求，要聽從自己的內心來做出判斷，願意幫且客觀條件允許幫，則幫，內心有牴觸且客觀條件也不允許，那就明確拒絕，不要有愧疚感。我們本就不欠他的。如果他先前幫過我們，在合適的時候回報一下，也就扯平，再不相欠。這是人際交往的潛規則。

和第三類，也就是親密朋友的交往，就沒那麼簡單。因為關係越是親密，心理邊界就越是不好界定，很多傷害常常是來自親密關係。但複雜問題也可以簡單化，只把握兩點：

第一，當我們一味為對方付出，卻收不到對方的回應時，我們是否心生委屈？如果是，那當機立斷停止單方面的討好；如果否，那說明我們心甘情願為這個朋友兩肋插刀，既然付出是快樂的，沒有任何委屈自己的意思，那就繼續吧。

第二，我們對朋友侵入我們的心理安全邊界是否感到不適？如果是，立即加以調整；如果否，同上，接受他的自由進出吧！

按照這兩點來區別，會篩選出誰是我們認為的真心朋友。除此以外，該拒絕時候拒絕，該絕交時候絕交，不要害怕得罪誰，失去誰。

畢竟總是有這麼一些人，無論我們如何好心，如何盡心盡力去討好他們，也不會讓他們滿意；畢竟一件事情，無論我們做得多圓滿，有人說我們好，但也總會有人對我們表示失望，甚至罵我們、嫌棄我們。

我們不可能讓所有人喜歡，不可能得到所有人的真心。我們的精力有限、時間有限，不如把這有限的精力和時間分給少數的至交，那些真正在乎我們，也和我們討好他們那樣來討好我們的人。

別為那些被我們拒絕後咒罵我們的人惶恐不安，別為轉身離開和我們絕交的人難過，和失去這些朋友相比，我們得到了內心的和諧，找回了迷失的自我，還有，我們學會了放下討好的心，學會了珍愛自己。

愛心不可透支，善良必須設置密碼

我有一個平時交往還不錯的朋友甲，他兒子上小學後，因為各種問題幾乎每天都被老師關切，每次老師一找他，他就鬱悶地給我打電話，而我總是耐心幫他分析問題，提出建議，外加疏解他的鬱悶、惶惑等負面情緒。漸漸地，他把我當成了家教專家、精神支柱、精神垃圾桶和心理醫生，而且還是義務為他服務的。每次電話裡一聊就是幾十分鐘，其中還不乏通訊軟體的語音、訊息。總之，我在甲的家教問題上耗費了太多時間和精力。

雖然有時候著急寫作、做策劃，手頭一堆事等著，但是聽著他在電話那頭唉聲歎氣，總不忍心匆匆掛掉電話。只能安慰自己，誰叫我們是朋友呢？甲的孩子也是我看著長大的，做人要有愛心嘛！再說人家也是器重我們，覺得我們說得有道理，才願意遇到事情就找我們討論、請益，我們不能辜負人家的信任是不是？就這樣，這種狀況一直持續到甲的孩子上三年級。

這一天，我女兒感冒發燒，我照顧她一上午，中午的時候給她吃了藥，好不容易安頓她睡著了，我也想趕緊閉眼休息一會。甲發來一條微信：「你方便接電話嗎？我很鬱悶，想跟你訴訴苦。」

我趕緊告訴他，女兒剛睡著，不方便接電話，還是你先傳訊息吧！於是，他罵罵咧咧地開始訴苦，什麼孩子在學校說髒話罵同學，老師批評他，他還跟老師頂嘴；什麼被罵的孩子家長打電話給老師投訴他家孩子，要他和孩子一起給對方道歉；什麼老師打電話給他，態度很不好，把他也訓一頓；什麼他心裡不舒服，孩子犯錯，是孩子的錯，老師憑什麼對他態度那麼不好……然後告訴我，他把孩子領回家了，一賭氣沒去上學，在家待著。我屢次眼皮打架，強忍著睏意一項項聽他訴苦，幫他想解決辦法。很快一個多小時過去了，我的午睡泡湯了，一摸女兒腦門，更燙了，就匆匆對朋友說：「我女兒發燒了，我要帶她去醫院。回頭方便時候我再打電話給你吧！」

他那邊回了一句：「好。」再沒下文。在醫院忙了一下午，陪著女兒做檢查、打點滴。其間在女兒班上的家長群裡向老師請假，說孩子生病不能去上課了。群裡有幾個認識的朋友，也有朋友甲。這幾個朋友陸續發訊息問候孩子的病情，表示關心，但這些問候的人裡面沒有朋友甲。

晚上回家，剛把孩子安頓睡著了，甲的電話就打過來，上來就說：「我等你一下午，你也沒給我打電話來。我為這孩子的事都愁死了，我到底該怎麼辦啊？」

「我帶女兒在醫院忙了一下午，沒時間給你打電話，才剛回家，孩子剛睡著，我還沒喘口氣，你電話就過來了。」我耐心解釋。他卻很煩躁地打斷我：「好了好了，別說這些沒用的，我兒子一天沒上學呢！你快說我該怎麼辦？我想給孩子轉學了，在這個學校待不下去了。」

「那你就轉學吧，你自己的事情，自己決定。」我說完這句話，斷然掛了電話。

我沒有高尚到自己孩子生病，忙得焦頭爛額的時候，還要精神飽滿地做別人的安慰劑、精神垃圾桶；我也沒有豁達到，他一邊接受著我的幫助，一邊抱怨我不能隨呼隨到，卻連一句關心問候的話都沒有。他只著急自己的孩子，卻絲毫不關心我的孩子也需要安慰和愛。對這樣的朋友，我不會繼續免費付出我的愛、我的善良。

是的，當我們意識到，身邊的人無休止透支我們的愛、我們的善心，卻絲毫不懂得感恩的時候，就要適時終止這單方面的付出，給善良設置一個密碼。我們沒有義務做那個無需輸入密碼，只要有需要時輕按一下，就源源不斷輸出愛心的提款機。人際關係必須建立在平等的基礎上，雙向交流對等，情感支出和收入對等，才能健康和諧地發展，人的內心環境也才處於平衡、平靜的狀態。

對於討好者來說，不容易做到的是，明明感受到對方把自己當成了沒有密碼的提款機，依舊無法說服自己給善良設置一個密碼，無法對那些透支自己愛心的人說「不」。這還是人際邊界不清晰惹的禍。因為內心沒有邊界，便很容易被外界入侵、操控，人家需要什麼，他便給予什麼，人家希望他做什麼，他就去做什麼。如此老好人，不但虧欠了自己，讓自己活得疲憊不堪，也傷害了友誼，因為他也是凡人，也有力不從心的時候，一次遲疑，就可能換來對方的不滿意，一言不合，友誼的小船可能就翻了。比如我那個朋友，等不到我的電話，便滿腹怨言，忽視我孩子生病的現實，不肯給我半句安慰的話，只是來埋怨我。

若建立起自己的邊界，明確認識到哪些是屬於自己該做該管的，哪些是跟自己沒有關係的，內心有一個清晰的、不容侵犯的界限，便能控制自己的情緒，掌控自己的意志。在自己的內心有牴觸情緒的時候，就可以很明確地說「不」。比如同事請我們幫他加班，如果我們不願意，或者心裡想著應該幫他，但身體已經很累，那就不必勉強自己，只管跟他說：「不好意思，我有事需要辦。」

凡事都有底線，善良也如是。若能給善良設置一個密碼，我們便在戰勝討好型人格的路上又前進了一步。

量力而行，拒絕被人情套牢

我們身處禮儀之邦，做事講人情、重人情，也是常情。今天朋友有事求我們幫忙，明天親戚手頭緊向我們借錢……親朋好友你來我往，講究的就是一個「情」字。也正是因為一個「情」字當頭，礙於這個「情面」，很多人被「情」所困、所累。尤其是對於討好型人格的人來說，更是因為「討好心理」而處處打腫臉充胖子，深深被「人情」套牢。

我有一個深受「討好型人格」困擾的朋友叫王鵬，他被人情拖得幾乎吃不上飯。王鵬本有一家汽修廠，生意還不錯，日子過得也還算愜意。老家的親戚自從知道他當了老闆，手裡有錢後，就隔三差五地跟他借錢，二姨家表弟要買房子，找他借二十萬；大舅家表哥要出國，讓他幫湊十萬；姑姥爺住院，動手術急需住院押金，要他送去五萬；大伯家建養雞場，打電話來說啟動資金不夠，他二話不說匯了三十萬……

隨著借出去的錢越來越多，找他借錢的人也越來越多。大家都覺得，他很有錢，只要張嘴就能借來，彷彿他就是銀行，就是提款機，而且是無息、無條件的，要多方便就有多方便。可是，主動還錢的幾乎沒有，而王鵬也不好意思去催要。於是他的資金越來越緊，在自己著急用錢的時候，不得不去貸款。而親戚借錢的節奏並沒有慢下來，他被壓榨得恨不得賣掉汽修廠，可還是說不出拒絕的話，還在硬撐著打腫臉充胖子，賣血一般供著那些找他借錢的人。

如此苦不堪言的「人情」，背負到何時是個頭？要解脫，就一定要懂得拒絕。不要礙於情面為難，要知道，**讓我們如此為難的人，都不值得去為他們為難**。這聽起來有些像繞口令，換個說法，那就是：凡是不體恤我們的疾苦，一味拿人情來壓榨我們的人，都不必跟他們講人情。也許拒絕時，雙方很不愉快，但總比我們一個人長時間不愉快要好得多。長痛不如短痛，及時「止損」才是王道。

我們為人情傾力付出的一個根本出發點，無非是換得受助人一句肯定的話：「你真好！」、「你真有本事！」、「你是個熱心人！」而我們礙於情面不敢拒絕的一個根本原因，也無非是擔心自己這種「好心」、「有本事」、「熱心」的形象崩塌。其實，殘酷的現實是：**若我們真的很強大，即便拒絕別人，人們依舊覺得我們很厲害，不會因為我**

們的不幫忙便否定我們的價值；而若我們不過是打腫臉充胖子，我們為別人做再多，稍有一次不如意，還是會被人苛責，說我們一事無成。所以，與其為人情世故所困，終日為別人的事忙得焦頭爛額，不如多為提升自己投入時間和精力。

當然，在自己變得強大之前，我們也許還是沒有勇氣拒絕別人。那就先試著在自己能力範圍內，量力而行吧！我們可以繼續善良，繼續講人情，只是凡事要有個度，也就是說，我們的心裡總要有一條邊界。對待他人的求助，一定要量力而行。這是一種自我保護的策略。因為若不惜餘力，「損己利人」，寧可讓自己過得很糟糕，也要讓別人生活得很幸福，用不了多久，我們就會被人情拖垮，青山不在，何來柴燒？

如何量力而行？首先在應允朋友親戚求助的時候，就不要把話說滿，要告訴他們：「我能力也有限，不一定能辦成。但我會盡力。」別跟我一個朋友似的，對有求於他的人是一口應承下來：「放心吧！等我消息。」結果轉了好幾圈，事情辦不成，自己乾著急，來向我求助。我們不知道費了多少心思，才一起把事情辦成。這中間受的周折就不用說了，他自己也搭了不少錢，可還不好意思跟求他辦事的人說。

其次，在幫忙的過程中，如果的確超出自己的能力範圍，那就別勉強自己，我們畢竟不是神，不是什麼事都能辦成的。儘早給對方回話：「抱歉，我這兒的確有困難，不然你再找找別人。」如此，讓對方知道我們的確努力了，也不至於等太久耽誤了事情的進程，再來埋怨我們辦事不力。

再有，若同一個人一而再、再而三求助於我們，而我們內心發出不情願的聲音，那麼就當機立斷拒絕他。不要被人情套牢，苦了自己，也不一定有利於對方。因為讓他養成依賴我們的習慣，對他也不是好事。

最後，記住一句話：好好愛自己，有餘力再去愛別人。

防守隱私的雷區，縱使閨蜜也不可侵犯

對好朋友、親密的人毫無保留地敞開自己的內心世界，這是女性討好者容易犯的錯誤。因為她們內心缺乏安全感，出於對愛和情誼的渴求，對好朋友尤其是閨蜜、戀人毫不設防，快樂的、悲傷的，見得人、見不得人的統統悉數奉上。以為如此全透明，便能表明自己對對方的真心，表明自己對兩個人的情誼的信任和看重，也便能獲得對方毫無保留給予自己的愛和友情。

殊不知，如此不設雷區的全方位開放，只會把自己置於輕易就被對方傷害的危險境地。因為對方熟知我們的軟肋、我們的隱私、我們的忌諱，當他想打擊我們的時候，只一劍便可穿心。

曉丹和趙磊談戀愛之前，有過兩段刻骨銘心的戀情。她傾心付出，但換來的卻是對方的負心離去。為此，曉丹受傷很深。好不容易修復了內心的傷痛後，她鼓起勇氣接受了趙磊的表白。她怕極了再次被傷害，所以愛得很用心，恨不得把整顆心都掏出來給趙磊。有一次趙磊問她，前男友和她親熱過嗎？曉丹沉默了一下後，點點頭。趙磊接著又問了幾個更細節的問題，比如誰先主動的，用了什麼姿勢……曉丹心裡是抗拒的，但為了表達自己對趙磊的真誠，又怕迴避的話，趙磊會不高興，所以她一一作了回答。

可從那以後，曉丹就陷入無邊的苦痛當中。兩個人一有什麼摩擦，趙磊就拿她和前男友的性事對她揶揄挖苦加諷刺，說的話要多難聽就有多難聽，就如刀子一下下扎進曉丹的心口。可她還不能還口，因為那樣會引發趙磊更大的怒氣。她就像隻小兔子，在暴風雨中瑟瑟發抖，默默祈求趙磊的怒氣快點散去，折磨快點結束。

凌敏犯的錯誤和曉丹大同小異。她大學畢業在找工作之前，悄悄去做了整容，割了雙眼皮，墊了鼻樑，開了眼角，整個人看起來比原來漂亮許多。她也由此增加了不少自信，笑容比以前燦爛了許多。很快，凌敏找到了滿意的工作，並和幾個新入職的女孩子相處融洽。她每天搶著打掃辦公室衛生，為前輩們倒茶，也時不時幫那幾個和她一樣新來的女孩子整理資料，收拾桌面。大家都很喜歡她，常常誇她熱心、勤快，是個懂事的女孩子。有一天，新來的女孩子中有一個叫蔣芸的悄悄對凌敏說：「你的雙眼皮真好看！我這單眼皮啊，每天貼那個雙眼皮貼，太麻煩了，真想去割個雙眼皮，可是又沒有勇氣。」凌敏覺得蔣芸如此信任自己，對自己說這麼私密的話，實在很感動。一衝動，她就對蔣芸說：「我這雙眼皮就是割的，沒什麼可怕的，你大膽去割吧！」蔣芸瞪大了眼看著她，驚奇地喊：「一點也看不出來！」於是，凌敏把鼻子是墊的，眼角是開的也一股腦說了出來。

第二天一上班，凌敏就覺察到辦公室的氣氛很詭異，大家都用看怪物一樣的眼神看她。當她去茶水間倒水的時候，就聽隔壁兩個女孩子在議論她：「她什麼都是假的，估計胸也是隆的……」那一刻凌敏覺得天都要塌了。她後悔慘了，可說出去的話是收不回來了。更苦的日子還在後面。此後，凌敏不敢和蔣芸等幾個女孩子發生任何衝突，因為只要有摩擦，她們就拿她整容這事來譏諷她，讓她恨不得找個地縫鑽進去。為了避免被人一次次觸及自己的禁區，她只能忍氣吞聲，處處賠著小心過日子。

曉丹和凌敏的失誤就在於把「無界線」當作「親密」，將心底最隱私的位置都朝著自認為親密的人開放。要知道每個人都有隱私，那是一塊任何人都不能輕易進入的領地，包括親人和閨蜜，都不可以。「討好型人格」的人因為缺乏邊界意識，缺乏隱私的保護意識，才會如此由著親密的人肆意踏入，並拿著這些隱私當武器，來肆意傷害他們。

面對這樣的傷害，要自救，就要不顧情面地狠狠反擊。心裡的禁區絕不允許被人肆意觸犯，容忍一次，就會有無數次。不要因為對方是自己親密的人就不忍心、不好意思，想一下他們能夠如此不尊重我們，不顧及我們的隱痛，來一次次傷害我們，我們又何必念及情分？所謂罵人不揭短，打人不打臉，他們卻是什麼是禁忌就提什麼，這對我們的自尊是何等的漠視和欺辱？

老好人懦弱也要為自己的自尊而戰，害怕得罪人也要絕地反擊，告訴他們什麼叫尊重。因為，忍氣吞聲只能換來更大的不尊重，越是討好，反而越不被人當回事。

告誡討好型人格的女孩們，不要掏心掏肺去交換友情和愛情。當我們對別人毫無保留時，想一想，對方是否也同樣如此敞開心扉地對我們呢？若對方一面聽著我們的隱私，一面卻對我們嚴防死守自己的禁地，那我們是不是很傻？所以，任何時候都要防守自己隱私的雷區，縱使最愛的人和閨蜜也不能輕易觸碰，否則受傷的只能是自己。

建立底線思維：有原則就敢於拒絕

因為不敢拒絕，所以對別人的要求有求必應；因為不敢反對，所以對別人的言論一概順應；因為不敢抗爭，所以對別人的侵犯一味忍讓……

為什麼不敢？害怕別人生氣，害怕別人不理自己、冷落自己、孤立自己，害怕別人說自己不善良、不好說話、不樂於助人，害怕得罪別人，使得兩人關係變僵……

可是，縱然這些害怕的事情都發生了，那又怎樣？天會塌嗎？會世界末日嗎？當然不會。所有的「不敢」、「害怕」都是因為缺乏心理邊界，自己無限放大畏懼情緒之後，臆造出來的。

謝芳從小生長在一個暴力的家庭，父親脾氣暴躁而且控制欲極強，全家都得順著他的意願，否則便鬧個雞飛狗跳。謝芳從小時候穿什麼衣服、剪什麼髮型，到長大後考學讀什麼科系、畢業從事什麼工作，都是父親說了算。如今已經二十五歲的她，還是要事事聽從父親的安排。就連她使用社群軟體，每天更新什麼內容，也要時刻被父親指指點點。若哪段文字不入父親的眼，父親一個訊息過來，謝芳就不敢耽擱一分鐘，火速把那段文字刪掉。她內心對父親充滿了排斥和牴觸，父親帶給她的心理壓力，就如一座喜馬拉雅山，讓她艱於呼吸。但她從來不敢反抗。

近日，父親拉著她去相親，說對方是自己戰友的兒子，他很滿意，帶她去認識一下。心裡裝著一百個不願意的謝芳，看了那人一眼後，再不作聲。父親問她感覺怎樣，她想說不是自己喜歡的類型，可不敢說出口，只是沉默。父親就說：「先相處看看吧！從今天開始約會。」於是謝芳無奈地在父親的安排下，今天和那人去看電影，明天和那人去逛公園。每天她都想對那人說：「我們不合適，還是算了。」但一想到父親那讓自己戰慄的眼神，就把要說的話憋回去了。

謝芳對我說起這些的時候，眼裡含著淚：「我可以順從父親不穿我喜歡的裙子，不留我特別渴望留的長髮，但是我不能強迫自己去愛一個他喜歡但我不喜歡的男人。」

是，謝芳說出了一個根本問題，那就是討好、順從是要有底線的。若沒有這個底線，只一味妥協、退讓，那最後僅存的一點點自我也會消失。面對習慣了順從和討好的強勢者，若一時改變不了討好的心，那一定要給自己設置一個討好的底線，觸犯底線的事情堅決不妥協。就拿謝芳來說，愛情不允許別人做主，就算是自己的父親也不行，這就是她的底線。守住這條底線，才能守護住自我。

一退再退，退到底線便不可再退，站在不能再退的位置，便可無所畏懼，大聲說「不」。因為已經身處底線，便也沒什麼可怕了，把最壞的結果擺在眼前，想一想有什麼大不了的呢？和失去自我、把自己完全交給別人操控相比，還有什麼比這更可怕的嗎？

說回謝芳。我對她說，你不接受父親安排的戀愛對象，最壞的結果是什麼？無非是父親暴跳如雷，對你大發脾氣。他不會綁架你，逼你去和那人見面，逼你和他戀愛、結婚。那麼，面對他的暴跳，你可以做到以理服人，畢竟你已經是成年人了，不再是那個一見到父親發脾氣就瑟瑟發抖的小孩子，你完全有能力來捍衛自己的權益，表達自己的觀點。

謝芳點頭，照著我的建議去試，果然父親暴怒幾次之後，她內心的恐懼一次比一次減輕，直到很淡然地看著父親發火，在心裡說：我知道自己想要什麼，不想要什麼，你發你的火，我堅持我的意願，各自做自己的事。

那些讓人恐懼的災難性的後果根本沒有出現，「不敢」和「害怕」純粹是自我折磨而已！在心裡建立一條底線，等於建立起自己的心理邊界。站在這條邊界上，我們就是無畏的戰士。當我們想妥協的時候，就想一想，若我再退，便會領地盡失。當我們有原則地堅定拒絕的時候，我們會感受到自我力量在增長，那個讓自己畏懼的的對象並不如我們想像得那麼強大，那些所謂的恐懼結果，對我們也毫無殺傷力。

下次再面對某一人或某一事而一味退讓時，不妨自省一下：我是不是該一退再退，沒有底線、沒有原則？我害怕的最壞結果是怎樣的？如果是，那麼在心裡再多問自己幾個問題：我想要什麼？不想要什麼？我能做什麼？不能做什麼？我可以放棄什麼？我不能放棄什麼？

想清楚了，就能明確自己的底線在哪裡。當我們能夠守護自己的底線，我們便可以掌控自我，便可以脫離內心那個脆弱的，一直沒有長大的「小孩子」，一點點強大、自信起來，成為堅定做自己的人。

Part 5

學會表達自己的意見，學會說「不」

討好者最容易陷入害怕拒絕的恐懼之中，總是誤以為拒絕別人，就會在對方的心靈和自己的心靈中劃開一道永遠無法修復的裂痕。這聽起來很荒誕——難道反抗也是一種罪過嗎？

人性往往對不易得到的東西才更加珍惜，所以，明智的做法是提升自己的不可得性，試著不對我們身邊的人有求必應；學會判斷事情的利弊，權衡時間成本。要明白，拒絕不會讓我們失去朋友，反而會為我們淘選出真心的朋友。違心應允的痛苦不儘損害自身的利益，也將破壞情緒的穩定性，繼而損害我們人際交往的結構。

「拒絕」是每個人最正當的權利

同為文字創作者，估計都難免有被朋友求助寫東西的經歷。我這位作家朋友也不例外。他有一位在廣告公司上班的朋友，每每接了單，就來請他幫忙寫腳本，有時有酬勞，有時只是純粹義務幫忙。有沒有酬勞，酬勞多少，他都不計較，想說大家都是朋友，能幫則幫，只要方便都願意接過來做。

有一次，這位作家朋友因為他手中一堆急案撞在一起，急得他連去洗手間都要小跑。偏偏這位廣告公司的朋友，這次不僅僅只是讓他閉門寫腳本，非要來拉著他一起去客戶那實地考察加採訪，他實在擠不出這時間，就委婉地說：「我走不開啊，不然你就把相關資料發給我，我看完之後能寫就寫，不能寫我再想辦法去實地考察一下，可以嗎？」

但朋友卻堅持：「明天下午兩點，我去接你。」作家心裡有些不悅，可礙於多年的朋友，態度上不好意思太生硬，於是說：「明天再看看吧！我需要看情況。」轉眼就「明天」了，朋友打電話來：「怎麼樣？我去接你啊？」作家反覆核算時間成本，還是覺得這時間浪費不起，便很明確地拒絕他：「真的不行，我實在擠不出時間。」

那朋友接著懇求：「我都跟客戶那邊打好招呼了，就佔用你兩個小時，我們快去快回。」作家知道他那只是策略，只要出去了，兩個小時哪能把自己送回來，於是堅決不退讓：「兩個小時我也擠不出來。」朋友磨叨半天，最後妥協：「好吧，我把客戶電話給你，你聯繫他，讓他給你提供相關資料。」

作家打通該位客戶的電話，對方濃濃的不滿透過電話聽筒傳過來：「聽說你有事無法過來了，你不過來一趟怎麼瞭解我們公司，怎麼寫稿子？」

作家回說：「我們電話聊一聊，你再把有關的文字資料傳給我，我看過後，如果還有問題，我們再溝通，實在不行，我再去貴公司親自拜訪。」

結果對方說：「我不會傳資料，所有的通訊軟體我都不會用。」作家壓制著小情緒說：「交代給你的助手、祕書、下屬，不可以嗎？」

「我不想要事情那麼麻煩。你就說你什麼時候有時間過來吧……」於是作家斬釘截鐵地說：「你連傳資料都覺得麻煩，我跑一趟過去，我更覺得麻煩。我時間寶貴，我們再聊吧！」放下電話，作家直接跟朋友說：「這事我幫不了你了，你另請高明吧！」

從接到朋友第一個電話開始，作家就在為這事犯難，當最終以明確的拒絕結束的時候，作家的心裡一片清爽。

為什麼要為難自己而硬著頭皮答應別人的請求？為什麼明明不同意卻強迫自己接受別人的意見？為什麼害怕拒絕，說不出那個「不」字呢？因為怕傷害到對方，怕對方為難；因為怕影響雙方的感情，傷了對方的心；因為怕拒絕了對方會不高興，會對自己有意見；因為怕自己不幫對方，對方真就解決不了問題，克服不了困難……

無數個「害怕」讓你沒有辦法無障礙地說出拒絕的話，於是在無數個應該說「不」的場合你選擇了沉默，在理應拒絕的時候遲疑著、掙扎著最終選擇了接受。**你心裡裝著那麼多的擔心對方如何如何，唯獨沒有裝著自己。殊不知，為了避免傷害別人，你卻在深深地傷害著自己。**

當我們抱怨太多的事情在等著自己，怎麼做也忙不完的時候；當我們覺得自己的時間被分割得七零八落，沒有讓自己的心休息的時候；當我們感覺像木偶一樣，被別人操縱著意志的時候；當我們承受的壓力已經迫近極限，感覺自己就要崩潰的時候……就是該大聲說出「不」的時候。我們有權利拒絕外界強加給我們的任何要求。

當我們勇敢地行使了拒絕的權利，否決、取消、放棄、反對、否定、不要、不好、不可以……我們會驚喜地發現，生活無比清爽，心裡無比輕鬆，腳步無比輕盈。

所以，從現在開始，放下三個錯誤理念：

第一，別人的需求放在首位。

第二，別人求助於我是看得起我，一定要盡力幫忙。

第三，拒絕別人是自私的，會傷害到別人。

然後給自己的頭腦中植入正確的三個理念：

第一，自己的需求才應該放在首位，和別人的需求、感受相比，自己的感受和需求更重要，在照顧他人之前，更該照顧好自己。

第二，別人怎麼評價自己，不在於自己幫別人多少忙，而在於自身究竟有多少價值。

第三，拒絕別人不是自私，是捍衛自身的權益。「維護自身權益」和「自私」有著很大的本質區別。

最後提醒大家一點的是，不要在拒絕後內疚、自責。拒絕沒有錯，不該我們做的事情，我們就是有拒絕的權利；超出能力範圍的忙，我們就是可以不幫。我們不必努力讓別人對自己滿意，重要的是，我們自己對自己滿意。

也許被拒絕的人在一段時間內會有受傷感，但是如果是真正的朋友，他很快會消化掉這種受傷感，而理解我們。倘若真就不理解，那也沒什麼可惜的，**一個毫不考慮我們的為難之處，一味要求我們付出的人，不值得做我們的朋友。**只因一次拒絕就要跟我們絕交，那就隨他去吧！這於我們不是壞事。

拒絕是我們每個人的正當權益，學會拒絕是一種能力，就從今天開始訓練自己說「不」吧。就在剛才，表姐對我說：「我說句話你別介意啊！」我調侃道：「既然是一句介意的話，那我肯定介意啊！」多簡單的「拒絕」，秒讚自己一個。

多少人吃了不懂拒絕的虧

多少人吃了不懂拒絕的虧？實在太多太多。我也是其中之一。周圍的朋友都知道我以寫作為職業，除了盛讚我是作家、文人，附帶的就是各式各樣的求助：幫我寫一篇論文吧，你文筆那麼好，寫出來就一定能發表；我要參加演講比賽，你能幫我起草演講稿嗎；我這廣告文案怎麼改主管都不滿意，你幫我潤一下；都說你寫作效率很高，是有名的快手。我這稿子催得急，你幫我趕一趕吧……

面對這形形色色的求助，最初我是照單全收的，一來能找到我幫忙的，都是多少有點交情的朋友；二來寫作本就是我的強項，趕寫文章、修改文案，對我來說不是難事，最多犧牲點自己的休息時間，助人為樂也是好事，但我卻漸漸覺得鬱悶。

再擅長寫作也不是全能，不可能對什麼行業都駕輕就熟。可是，求助的人不管這些，他們只知道，你會寫，且一定會幫助他們。於是，找你幫忙為建案取名；找你替飯店寫推薦菜單；找你為醫生寫簡介……印象中讓我最啼笑皆非的是，我還曾經幫一個足體會館擬一份非物質文化遺產的申請書。

本著負責的態度，我翻閱了大量書籍、資料，去瞭解修腳這一行業的起源、發展，修腳的技術傳承、現狀等，寫完那一萬多字的申請書，我覺得我都可以去當修腳師傅了。但是，求我幫忙的人只看到我給他們的幾百幾千成稿的文字，看不到這些文字背後我所耗費的幾十倍的精力和時間。在他們看來，這於我不過是信手拈來。所以，他們開口求助的時候說得輕鬆自然，事情完成後一聲「謝謝」也說得輕飄飄的。

我對此也並不在意，真正傷害到我的是，當我實在不想做拒絕的時候，他們表現出的不理解：「這對您來說不是小菜一碟嗎？動動手指頭就可以了啊。」、「您是大師，是作家，這對您來說還不是輕而易舉？」言外之意，這麼簡單的事情我都不幫，是不是有些摳門，有些不近人情？

最近則是一位業餘寫愛情小說在雜誌上發表的朋友，好多次他寫好稿子傳給我，都請我幫他修改。我從來都是像對待自己的文章那樣，盡心盡力幫他。可是，前段時間因為一部書稿把我搞得焦頭爛額，他傳過來一篇看起來很長的小說要我修改的時候，我拒絕了：

「我實在沒時間看，你覺得沒問題，就直接給雜誌編輯吧！」他說了句：「好，那你忙。」再沒下文。過了幾天，我的書稿收工，想起他那篇稿子，便點開訊息，想問問他是否還需要我幫他看看。結果就看他個人簡介上寫著：「被洗臉，心被傷，不肯幫忙，就是個裝。」我默默關了聊天窗口。

我不懂拒絕，把自己置於廉價勞動力的尷尬位置，「好說話」的名聲引來越來越多的求助，自己辛苦勞碌不說，還換不來對等的肯定。因為我太好說話，別人就對從我這裡得到的方便、幫助、實惠並不珍惜。

相反，我稍微拒絕，反而引來一堆埋怨和不理解。「你這麼好說話，卻不幫我，對我有意見嗎？」、「你輕易就能完成的事，卻不肯幫忙，太自私了吧？」持續答應同一個對象的要求，反而會助長他的懶惰和依賴，會讓他滋生「你應該幫我」的想法，從而出現「幫了十次不說你好，一次拒絕就徹底把他得罪了」這是典型的出力不討好啊。

和我的經歷相反的是，我的大學老師。他從不輕易幫人寫東西，誰求也不答應。理由就兩句話：我很忙；自己的東西自己寫。很多人因為求助於他而被拒絕後，再不敢輕易張口。很多想向他求助的人，也礙於怕拒絕的心理，最終放棄了找他幫忙的想法。有一次，我跟老師談起自己一部書稿的策劃，他很認真地聽完後，對我說：「策劃稿完成後，拿給我，我幫你看看。」我立馬有種受寵若驚的感覺，覺得老師對自己真是格外照顧，誰都不幫的人，卻主動說幫我，真是說不出的感激和自豪。

可見，人心就是這樣。我們屢屢不拒絕，我們的付出便很廉價，我們的價值也變得很低廉。儘管我們為此的確付出了很多，可對方因為習慣了而不以為意。倒是一般不出手的人，在別人極其需要幫助的時候，偶一出手，反而讓人覺得獲得的幫助彌足珍貴。

所以，當我們漸漸把自己放在不被人珍惜的位置上，付出讓人不放在眼裡的時候，及時收手，停止低價值的付出，是停止吃虧的上策。

再有人找我幫寫稿子，該拒絕的斬釘截鐵拒絕，能幫一把的，我也不痛快答應，而是先說：「我最近真是忙得很。」在對方覺得無望的時候，再來一句：「好吧，我擠時間幫你寫。」對方轉而有驚喜之感，感激之餘心裡還會不安：看看，人家那麼忙，還要幫我這個忙，真是不好意思。

不是我虛偽，實在不想再做廉價的勞動機器，不想再吃不懂拒絕的虧。「討好型人格」的我們，還在繼續吃虧嗎？

有智慧地說「不」，是讓我們免受虧待的有力武器。

你又不欠別人什麼，為何有求必應

我們把大部分的時間和精力都花在幫別人做事上，對別人總是有求必應，卻忽略了自己的身心需求。當我們感覺身心疲憊想對別人的求助婉拒的時候，我們會覺得內疚、不安、自責。幾經掙扎之後，還是選擇委屈自己，成全別人。

內疚什麼？不安什麼？對於大多數討好者來說，出於善良而內疚，覺得不為別人做事，別人會難過、會失望；出於對別人的高期望值而不安，覺得自己拒絕了別人，他們就會不喜歡自己，不認同自己。

撇開所有的糾結，我只想問一句：你殫精竭慮要去成全的那些人，你欠他們的嗎？

答案顯而易見，只有他們欠我的。既然我不欠他們的，那就在心裡大聲告訴自己這句話，我不欠他們的！這便有了拒絕他們的底氣。

在此基礎上，我再給你們兩劑加強劑——

1. 要狠心敢於讓別人失望

當我們惴惴不安地想，我拒絕了他，他會難過，他會失望，他會不高興……請立馬打住，換個角度再想：他難過、失望、不高興，那是他自己沒有處理好自己的情緒，如果我答應幫他，便該我難過、不高興、憂鬱了。想一下，我們應該為他們的好心情負責嗎？他們都沒有考慮過我們的感受，只一味來為難我們，我們何苦順應他們、為難自己、取悅他們？對別人有求必應，把別人的需要擺在首位，犧牲自己的健康和快樂去換取別人的開心，這是對自己的虐待。要把自己的心理需求和感受放在首位，敢於讓別人失望，我們有好好愛自己的責任。

2. 別人是否喜歡你和你為他付出多少毫不相干

當我們認為我們拒絕了別人，他們就會不喜歡我們，不認同我們的時候，我們要對自己說：**就算我處處順應別人，有求必應，也不會讓所有人喜歡，也不會得到所有人的認同和肯定。**甚至有時候，我幫助了這個人，另一個人會對我不滿；我為這個人做事，另一個人會發出譏笑聲。更殘酷的現實還有，我們熱心助人，對別人有求必應，我們以為別人會把我們當好人，但私下大家卻在心裡加上引號。在大家眼裡，我們無非是好使喚、好駕馭、好說話、好差遣，甚至是好欺負的人。

我們要了解，一個人的價值並不體現在我們為別人做了什麼、做了多少；別人的喜歡和認同，也並不需要拿對別人有求必應來換取。前文中我們分析了，很多時候，我們為某個人做得越多，付出得越多，反而被認為越廉價，也就是說，我們的有求必應在很多人眼裡是一種「低價值付出」。我們如果能有選擇地說「不」，反而會增加自身的價值。

本著這兩點，在想要說「不」的時候，就乾脆俐落地拒絕。當然，在做出改變的過程中，我們肯定會有焦慮、遲疑和反覆，畢竟做久了、做慣了老好人，我們的思考模式、情感模式已經習慣了對別人有求必應，讓自己一下子轉換模式，不是那麼容易。要給自己時間，從一點一滴開始。

比如，我們可以先試著不主動攬事。當身邊有人說：「太忙了，誰能幫幫我？」以前，我們肯定第一個站起來，自告奮勇說：「我來。」現在，我們可以告訴自己：這是別人的事情與你無關。只要一次戰勝自己，就往成功邁進了一步。下一次試試，當別人求助於我們的時候，不馬上答應，而是拖延：等我忙完我自己的事，就幫他們。能夠做到，就是更大的勝利。如此，我們最終會打破「有求必應」的魔咒，做自己的主人。

一個叫宋梅的女孩子對我說，她試著用上面這兩點開解自己的「討好」心結，初見成效。「那天，同事問我，週末時候能不能替她加班，我沉默著，半天沒回答。其實，那時候我就是在心裡默念您說的話，『我不虧欠任何人』、『我不怕他人失望』、『我替別人加班，別人也不一定說我好』……同事以為我在為難，就說，你如果有事，我再找別人吧。我於是順著她的話說：『真是不好意思，我實在是有事擠不出時間。你找別人吧，下次有空我再幫你。』這事就順利被我拒絕了。事後我細心觀察了一下那個同事，她果真沒有因為我拒絕她而生我氣、不理我，我和她的交往並沒有受這件事的影響。這大大增加了我對別人說『不』的勇氣！」

的確，只要有改變自己的意願，就一定會有改變。哪怕一次只小小的一點改變，也要為自己祝賀，因為它會幫你克服舊化思維模式的行動，為你帶來勇氣和力量。

當然，我在這裡再三教你如何對別人的求助說「不」，不是讓你放棄善良，放棄對別人表達善意。這一點千萬別誤會。只是當我們陷入「討好心理」，像陀螺一樣為別人忙碌，想停停不下來，自己累到快要崩潰；對別人說了「不」字，內心會焦慮不安，會自責，然後會更加「有求必應」；內心壓抑、困頓，卻說服不了自己改變現狀，就如腦子裡植入了程式，想拒絕都拒絕不了，想不幫都控制不住自己……如此狀況時，我才要為你獻計獻策，幫你脫離「討好」的苦海，學會拒絕，給自己卸下負累，找回自由和輕鬆。

每個人都需好好愛自己，終究，我們不是為別人而活。所以，別忘了，對自己說：

「我不欠你的。」

不傷面子的拒絕是學問，也是修養

有了拒絕的意識，只是邁出了第一步。接下來就是具體實踐，學習如何說這個「不」字。對於常人來說，一句拒絕的話不是什麼難題，怒髮衝冠破口而出是拒絕，義正辭嚴不容商量是拒絕，輕聲細語面露歉意是拒絕，顧左右而言他找藉口尋理由是拒絕……總之，隨自己的心情和風格，想怎麼說都可以。

但對於「討好型人格」的人來說，是有千重障礙的。他們內心藏著種種「害怕」、「擔心」甚至是「恐懼」，叫他們毫無負擔地直抒胸臆，是難以想像的。

他們一定是希望這句拒絕的話說完，最好是絲毫沒有殺傷力。所以，對於他們來說，如何不傷面子地拒絕，是迫切需要學習的。但這的確是一門藝術，是學問，也是修養，不是一天兩天就能習得的。

• 能直接表達的不必委婉，讓人曲解

不管我們多麼想不傷面子，多麼想沒有殺傷力地拒絕，也要把話說得明白清楚，不可太委婉，讓人誤解我們的意思。有位家庭主婦跟我說了她一天去買了三次菜的笑話。起因是她搬家住進新社區，同住一棟樓裡的幾個熱心阿姨，相繼問她：「你知道菜市場在哪兒嗎？你知道買菜怎麼走嗎？」等她搖頭說不知後，阿姨們都表示：「等我去買菜，帶著你一起，去一次你就知道了。」她對每個阿姨都連連道謝。

不一會兒，張阿姨來叫她了，她也跟著去了，買完菜回家剛坐定，有人敲門，李阿姨來喊她去買菜。她囁嚅著：「不好意思麻煩您呢！」其實她的意思是想說，我買回來了，就不去了。可是想到自己剛才答應阿姨，阿姨才特地來叫她的，所以不好意思說出來，就轉而說不想麻煩李阿姨。結果李阿姨一把拽過她說：「我又不是特地陪你去，我也要買菜的嘛！」結果，她又跟李阿姨跑了一趟菜市場。回到家剛把菜放下，王阿姨來了，她照舊含蓄半天，最終跟著王阿姨三進菜市場。所以說，在開口拒絕時，先要表明立場，把「不」字清楚表達出來。

● 最好不要當眾拒絕對方

也就是說，要注意場合。在人多的時候說，對方會覺得傷了面子，下不了台。這時候你可以說：「晚一點我們電話中談。」、「我手上有點急事要先處理，忙完後我儘快找你。」然後找機會在沒人的時候，找到對方表明自己的態度。

● 在措辭上注意技巧

比如，可以先肯定再否定。「你願意跟我說這件事，就表示你把我當朋友。可是，我可能會讓你失望。」、「你這個想法真是很棒，但我還是有自己的想法。」還可以把話說得更含蓄一些，把「我不能」換成「我覺得有些為難」、「我不擅長這個」、「我能力實在有限」……

●表情、動作也可以幫忙

比如，搔搔頭，面露難色，羞愧地看著對方，拖著聲音說：「呃……我想想……」讓對方感受到我們的為難，臉皮薄的人領會了之後，會未等我們說出拒絕的話，就先說：「如果讓你為難，那就算了，我再另外想辦法。」

●就算拒絕，也要給人留有餘地

雖然拒絕，但也提供對方替代方案，或者留有餘地，讓對方覺得我們真心在為他著想，真心想答應他的請求。比如說，前幾日一個朋友，向我推薦他正在銷售的按摩椅，我無心購買，但不能直接說「我不要」，所以我是這樣回覆他的：「我家又是跑步機又是躺椅的，實在沒地方放。我給身邊朋友推薦一下，有需要的，我請他們聯繫你。」買賣沒做成，朋友還連連對我說「謝謝」。

當面說不出口，也可以用「緩兵之計」

不妨跟對方說：「你讓我思考一下，我再打電話回覆你。」或者說：「我試試看，不一定能幫上你，我盡力。」短暫延遲拒絕，然後短時間內通過電話、訊息等形式儘快回覆對方，別耽誤人家另尋求助的路。

有一次，一個同事找到我，說你整天出書、發表文章，一定認識很多編輯，你幫我聯繫一下，我要發表篇論文，以便升等使用。我不願意幫這樣的忙，可又不能直接拒絕，於是我說：「好，我幫你問問看，但不一定問得到，別把希望全寄託在我身上。」

我刻意等過了幾天後，再回覆他：「我幫你問了，可是我認識的編輯裡，沒有人負責論文這一塊。不好意思，幫不上你了。」如此，既不得罪他，讓他覺得我的確用心幫他問了，又不違背我自己的原則。雖然看起來貌似不誠實，但這種謊言無傷大雅，於他、於我都只有利沒有弊。

無論是何種形式的拒絕，拒絕終歸意味著否決、推辭、反對、否定，也因此對討好者而言，儘管他已經說得非常溫婉含蓄，他的內心還是會被各種不安糾擾。

但是，**一個完全不懂拒絕的人，不可能贏得真正的尊重**。那些懂得拒絕的人，有原則的人，不會因為拒絕就失了人緣，人們反而會因為他的原則性、他的明朗態度而敬他三分。所以，什麼時候我們修煉到拒絕別人之後，對自己說：「你不喜歡我，那是你的事，我不是為取悅你才來到這個世界上的。」你便可有足夠的底氣贏得別人的尊重。

四處救火的「便利貼」做不得

討好者總對他人有求必應，什麼事都往自己身上攬。若將不懂得拒絕的老好人，比喻為「便利貼」，想想還真是恰當。寫滿各種工作內容的便利貼，用起來順手，隨用隨寫，隨寫隨貼，用完一扔，毫無留戀。像極了處處討好人，為別人把自己累到崩潰，卻並不被人重視的討好者的真實寫照。

你是否覺得自己每天在為同事忙碌，四處救火，卻並沒有得到相對的重視和感謝？你是否覺得每天工作勤勤懇懇，隨叫隨到，卻總是拿著微薄的薪水和獎金，在公司和同事眼裡只是可有可無的角色？你是否覺得為朋友兩肋插刀，有求必應，卻在自己需要幫助的時候，得不到相應的回應……如果是，那麼，你的身上已被貼上了「便利貼」三個字。要撕下自己「便利貼」的標籤，請學會說「不」。

• 對別人硬塞給自己的工作說「不」

儘管大家在同一個公司，同一間辦公室，彼此互相幫助、合作，不斤斤計較，和樂融融像一個大家庭，是我們的追求。但是，當我們把大部分的精力和時間都用來幫別人做事，為大家打雜、跑腿，別人也習慣了把本不屬於我們職責範圍的工作甩給我們來做，這情境就超出了「互相幫助」、「團結合作」的範疇。

一個叫周雪的女孩子跟我訴苦，因為她寫東西速度快、品質好，所以同辦公室的幾個同事都習慣讓她幫忙寫月末總結、工作報告。於是，一到月末她就忙得不可開交，常常忙得都沒時間寫自己的工作總結。大家總是誇她ＰＰＴ做得好，漸漸也就把所有做ＰＰＴ的工作都塞給了她。因為不會拒絕，再忙再累，她也不推辭，只選擇苦自己，加班到深夜是家常便飯。可現在，讓她不開心的是，起先同事們還會客氣地說句：「謝謝，辛苦了。」發展到現在認為這都是她本該做的事，她做慢了或者做得不合他們的心意了，他們還會埋怨她。她心裡真是委屈極了。

有句話叫「在其位，謀其政」。意思就是說，我們處在什麼位置，就做好我們所在位置上該做的事。換個角度來說，不在其位，就不要謀其政。我們不在那個位置上，我們就別去做我們不該做的事。這叫各司其職，各做其事。當我們意識到自己成為大家的「便利貼」，就先梳理一下自己日常忙碌的事情，哪些是自己分內的事，哪些是不屬於自己職責範圍內，而是同事強加給我們的。屬於自己的任務，二話不說在第一時間處理好。不屬於自己的，不想做，那也二話不說拒絕掉。

• 對客戶無禮要求當拒則拒

一個跑業務的年輕人向我訴苦，有一段時間他簡直就是客戶的保姆、保鏢加司機。那個客戶仗著業務有求於自己，下雨天打電話叫業務開車去接自己，以方便自己趕往另一座城市送東西；加班的時候也打電話給業務，叫他去學校接自己的孩子；自己老家來客人了，也讓業務去車站接人……最可氣的一次，那位客戶在飯店請客吃飯，酒足飯飽後，居然打電話給業務，叫他去結帳。年輕業務一肚子的怨氣，可不敢怒也不敢言，滿臉賠笑地給客戶四處救援，成了客戶用著順手丟了不足惜的「便利貼」。

敬重客戶、顧客，盡力滿足他們的要求是沒錯。但是，這一切應限於工作範疇內、業務範圍內。像這位客戶提出的種種要求，早已超越兩人所談的業務，完全可以拒絕。可以說，他這個「便利貼」當得既沒有價值，又有失尊嚴。

當客戶第一次提出無理要求時，其實就應該態度堅定地拒絕，不給對方一種「好使喚」的錯覺。若給了對方這種錯覺，自己漸漸淪為對方的「便利貼」，也要隨時覺醒，及時叫停，拒絕對方接下來的無理要求。

• 無休止的加班，當停則停

現代職場中，很少工作可以完全不加班；但若是加班的頻率異乎尋常的高，幾乎影響到自己正常生活和身心健康，就要勇於對加班說不。文案永遠做不完，資料永遠有新的，問題總是不斷在湧現，犧牲法定的休息時間，無休止地忙碌，等於變相把自己變成工作機器，而且是廉價的工作機器。要敢於向主管表達意見，向要求自己加班的同事說「不」。

我們自己把自己當僕人，就別指望別人拿我們當主人。一味地放低姿態，一再被壓榨，便會一再被安排加班。因為在主管和同事看來，我們很好說話，我們就很廉價。

便利貼，除了用著方便、順手，還有一個重要的特點就是，不會貼到重要的位置，不會寫上重要的內容，也就是說不會被重視。用完即扔，時效性短，可替代性強。也就是說，隨時可能被丟棄。所以，當我們被當作「便利貼」，就意味著我們不被大家重視，大家一邊享受著我們的付出，一邊認為我們可有可無，隨時可以替換掉。這不是很悲哀嗎？

因此，我們要學會拒絕，不做四處救援的「便利貼」。將節省下來的時間提升自我，讓自己變得重要，不可替代。如此，才能活出自我的精彩，才能贏得尊重、尊嚴。

用實力說話，不必過度迎合他人

討好者不敢得罪人，隨時附和別人，不敢發表自己不同於別人的意見和看法，當這個「別人」是自己老闆的時候，這種討好的心態就會更加強烈。畢竟，老闆是自己的上司，是掌握自己升職，或者走還是留等生殺大權的人。因此，對老闆點頭哈腰，處處迎合老闆，毫無自己的思想。即便老闆錯了，也不敢指出來；老闆冤枉了自己，也不敢為自己辯解。殊不知這樣的行為舉止，完全是惶恐、自卑、價值感低下、缺乏安全感等負面情緒促生的討好心理在作怪。

討好者認為，只要自己討好老闆，老闆就會對自己有好印象、好評價；若自己對老闆提出質疑，或發表反對意見，一定會引起老闆的不高興。現實卻是，在只是附和、不出建設性意見或建議的員工，與時常和主管有衝突，有自己想法，時不時糾正老闆的員工之間，老闆更喜歡後者。畢竟，公司需要的是人才，不是應聲蟲，也不是奴僕。員工能從不同角度適時給老闆提建議，及時指出老闆運籌帷幄過程中的漏洞、偏差，幫助老闆完善管理，掌管全域，這對於老闆來說，是有利的。

所以，放棄用「討好」、「迎合」老闆來換取肯定的錯誤想法吧！要克服內心的惶恐，最實用的法寶是提高自己的業務能力，提升自己的業績。一切拿業績說話，而非討好和順應。在任何一個公司，老闆都是以績效好的員工為重，哪怕他有時不服從管理，但能為公司創造效益，做出貢獻，老闆便會有選擇地忽略他的棱角。就好像OK繃，雖然貼在那裡不好看、礙事，可是還不能隨便撕下來，因為它是在保護傷口。便利貼倒是俯首貼耳、聽話便利，但想扔就可以扔掉。因此，對於「討好型人格」的人來說，努力讓自己變成老闆眼裡的「OK繃」，而非「便利貼」，是自救的有效手段。

在努力提升自己、勤奮工作的同時，要勇於對老闆不合理的要求說不，要勇於捍衛自己的權益；是自己的，要積極爭取，不是自己的，強塞給我們，也不接受。

一次和一位在電視臺工作的女孩子聊天，她嘆氣說，最近心情很低落，因為不是自己的責任，無故被扣掉了全勤獎金。我問她具體原因，她說，上個月某一天，她接了一個採訪任務，需要一大早就出發。事先跟主管說好了，她一早從家裡直接走，就不去電視臺打卡了，屆時請主管幫她補上出勤記錄。

可是到月底送考勤記錄時，她卻被記缺勤一次，並被扣掉全勤獎金。她核對時間發現，正是早出採訪的那天。當即感覺很鬱悶，明明事先跟主管說好了，但主管還是忘了；自己辛苦在外採訪，最終卻被認定缺勤。儘管很鬱悶，但她卻不敢去找主管說明，怕主管忘記得太徹底，否認有這回事，而自己也不敢辯解；也擔心主管覺得自己小心眼，盯著個區區一千五百元的全勤獎金。但這事憋在心裡，一想起來就難受。

我建議女孩，還是跟主管說明情況。這不是一千五百元的事，而是是非對錯。事情對了就是對了，錯了就是錯了，主管記錯了、忘記了、疏忽了，她不該毫不反抗地承受這錯誤的裁定。實事求是去跟主管核對，即便主管真的忘記也沒關係，有採訪記錄，有工作紀要，很多環節都可以證明她那天在外採訪，可以幫助主管回憶。只要主管知道這事是他的疏忽，哪怕全勤獎金沒辦法補給她，也算對她有個交代，她也不至於想起這事就難受。

女孩躊躇了幾天，終於鼓起勇氣，按著我的建議去跟主管談。讓她想不到的是，她剛一提起個頭，主管就恍然一拍腦袋：「是，是，有這麼個事，不好意思，我忘了。」道完歉然後就是積極地進行補救：「上個月的考勤表已經公布了，想改過來是不可能了。錢也都發過了，要補發也得等下個月。不過，這次你放心，我一定記著，下個月發全勤獎金的時候，一定把這個錢補發給你。」女孩子不好意思地說：「要是很麻煩，錢不用補也行。」但主管鄭重地說：「是你的，一定得給你。」

很快就又是出新一個月考勤表的日子，女孩子果然拿到了補發的上個月的全勤獎。她開心地對我說：「坦誠跟主管說出憋在心裡話的感覺真好！以後我再不畏首畏尾、顧慮重重了，實事求是、開誠布公，和主管對談並不可怕。」

事實本就如此，一切可怕都是自己臆想出來的。還沒跟主管討論，就先把自己放在一個較低的位置，用仰視的目光看向主管，心理氣場就先弱了下來，有想法也不敢說，有意見也不敢提。如此討好，苦了自己，累了自己，主管也不樂見，這又是何苦呢？無論面對的是什麼樣子的主管，真實做自己，都是一條鐵律。

違心的應酬，巧妙拒絕別為難自己

我有一個很要好的朋友，前些日子酒精中毒住院了。我很不解，他是個很有分寸的人，怎麼可能讓自己酒精中毒？我去醫院探望他，才知道，他陪著總經理請客戶喝酒，那幫客戶一個比一個能喝，總經理勉為其難陪了三巡，實在撐不住了，就給他下了死令：喝倒自己也要把客戶陪好。為了完成任務，也為了保護總經理，他頻頻舉杯勸酒，隨時替總經理擋酒，結果，真就把自己喝倒了。

朋友嘆氣說，其實很長一段時間以來，他就在做這樣的應酬。新接的這個工程，甲方的負責人都喜歡喝酒，時不時地暗示他，該聚一聚啦。為了工程進展順利，為了處理好和甲方的關係，他便隔三差五請這些人海喝一通，當然自己每次都不遺餘力地陪喝陪笑。結果，工作倒是順利了，自己的身體卻喝垮了。

我們置身禮儀之邦，應酬多少避不了。朋友相約、宴請客戶、同學聚會、生日聚餐、討債借錢、拉關係套交情……任何一個活動都可以湊一個應酬出來。很多人深陷其中，今天這個局，明天那個場，真是身不由己。可這些應酬不但耗費時間、金錢，更傷害身體，影響和家人的感情。所以，睿智的人會有選擇地拒絕某些沒必要的應酬。

但這對於討好者來說，是個難題。很多時候，他們心裡是抗拒的，可說不出拒絕的話，最終點頭。之所以不會拒絕，一是礙於情面，二是幻想著應酬中多結交一些人，維繫自己的好人緣。總之，是討好心理在作怪。

但幻想在現實面前很快就會幻滅，靠應酬是換不來好人緣的，相反會搭進去寶貴的時間和健康。真正有本事的人從來不靠應酬擴展人脈、樹立形象、獲得好人緣，而是靠實力、靠才能。酒桌上的推杯換盞、稱兄道弟，不知道透著多少虛情假意，茶涼人散後，有誰會把我們記在心裡，把說過的話放在心裡？

所以，放棄討好心理，對那些沒有意義的、虛華的應酬該說「不」就說「不」吧，別為難自己，傷害自己。如果礙於情面說不出口，那就巧妙迂回地表達拒絕之意。

●藉口是最好的擋箭牌

「我最近感冒了，怕傳染給你們，下班還要去醫院。」、「今晚答應陪老媽好好吃頓飯，好久沒和家人一起吃飯了。估計她飯菜都煮好了，哪忍心告訴她不回去。改天吧，改天我請你們。」、「真是不巧，老爸今天過生日，身為兒女的哪能缺席？」……

●幽默調侃地說出拒絕的話

著名書法家啟功先生有一個有關拒絕應酬的有意思的故事，那是二十世紀七〇年代，很多人慕名來向他求教、求學，以至於每天門外都能聽到不間斷的腳步聲和敲門聲，可想而知，啟功先生的工作、學習和生活受到很大的影響。他自嘲說：「我就像是動物園裡供人參觀的大熊貓。」有一天，啟功先生患上重感冒，躺在床上起不來，又怕有人敲門，還得接待，於是就在一張白紙上寫到：「熊貓病了，謝絕參觀；如敲門窗，罰款一元。」然後貼在了大門上。來人見了這張紙，讀了這拒絕令，忍著笑悄然離開。啟功先生終於免受應酬的叨擾，換得一天的清靜。

• 實在無法拒絕應酬，就給自己設置底線

對於公司裡宴請客戶等應酬，拒絕的難度恐怕較高。畢竟，一方面公司安排我們去，也算是工作，不可隨便推辭不做；一方面很多應酬的確有助於談業務、談訂單，總之，談的話題離不開工作。氣氛融洽了，人心靠近了，什麼事情就都好辦了。

還有朋友之間的聚會，偶爾幾個談得來的朋友聚到一起，小酌一杯，聊聊心裡話，增進感情，也未嘗不可。類似應酬實在推脫不掉，去是去了，但是，這裡面也有可以說「不」的地方。

比如說我們可以不喝酒，我們可以不跟著喧鬧到後半夜。一落座先聲明，自己對酒精過敏，最近正在吃藥，醫生嚴禁喝酒，脂肪肝、酒精肝身體不允許喝酒，等等，如此一說，想必大家也不好意思太強人所難，非逼我們喝酒。

該說的話說過了，該闡明的先闡明了，該交流的也都交流了，覺得時間差不多了，就可以找個理由，提前告退。這樣做就不用擔心別人不高興，也不用害怕就此失了人緣。不委屈自己，不讓自己不高興是首要的。若因為我們的不奉陪就不高興，就不跟我們來往

了，這樣的朋友不交也罷。

拒絕不必要的應酬，或者及早退出酒局，省出時間來多看看書、多學習技術、多給自己充電，以提升自己的能力和價值。**當我們自身強大了，我們就是局，就是讓很多人奔著來應酬的局。**而這些是應酬給不了我們的。

所以，有討好心理的我們，從今天開始別再做本末倒置的事，別再硬著頭皮去參加一個又一個毫無意義的應酬，應酬換不來真朋友，換不來真正的事業有成。

最親近的人，也要敢於拒絕

對於老好人來說，拒絕同事、朋友、同學都很困難，更別說拒絕至親的人了。老好人怎麼忍心讓親人失望，讓密友難過，讓戀人傷心呢？所以，面對最親近的人的請求、索取，老好人們總是選擇接受，很少說出拒絕的話。

肖琳有一個從小一起長大的閨蜜程霞，二十多年的情誼使得兩人親如姐妹。肖琳在家是長女，程霞在家是老么，所以多年來肖琳總是照顧程霞多一些，程霞也習慣了把肖琳當姐姐一樣，撒嬌、耍賴。

兩個人大學畢業後，在同一座城市落腳，然後談戀愛成家。三天兩頭兩家人都要聚到一起暢聊一番，肖琳和程霞更是每隔幾天就約著一起逛街、喝咖啡，聊聊心事。但是，多年來形成了一個固定的模式，那就是無論是兩家聚會，還是兩個人小聚，都是肖琳買單。兩個人逛街買衣服、鞋包，肖琳給自己買的時候，程霞如果也喜歡，就會撒嬌地說，送我一件吧！於是，肖琳就要付兩件的錢，一件給自己，一件給程霞。

這還只是小開銷，程霞買房子找肖琳借錢，買車找肖琳借錢，動輒就是幾萬幾十萬。肖琳和老公不過是普通職員，收入平平，兩個人勒緊褲腰帶攢點錢，幾次就被程霞借光了。這錢借出去，還期卻遙遙無期。幾年下來，程霞拿著肖琳的錢住著大房子，開著舒適的高級車，可肖琳一家三口上班上學還要擠公車，房子想換大的，卻湊不夠首付款。

更讓肖琳有苦說不出的是，前些天程霞居然找到她，說自己家房子要重新裝修，她和老公孩子沒地方住，要搬到肖琳家裡住幾個月。肖琳內心有一萬個「不」字在奔湧，自己家不過二十四坪左右，再擠進程霞三口人，不知道有多擠。何況他們不是暫住幾天，忍忍就過去了，這可是漫長的幾個月啊，怎麼忍得了？

可是，她難以說出拒絕的話，畢竟兩個人是多年的姐妹，程霞拿自己當親姐姐，才會毫無芥蒂地求助於她。她怎麼好意思往外推呢？何況，若自己不答應，程霞一定會生氣的，萬一朋友也因此做不成了，豈不是很遺憾？

肖琳多年的無私接濟，讓程霞對她的要求變本加厲，乃至於超越了朋友的界限。就算親兄弟姐妹也不能這麼理直氣壯地要求全家搬進人家家裡常住，可程霞並不覺得自己的要求過分，而這都是肖琳的一再退讓給程霞滋養出來的任性。

老話說，「親兄弟、明算帳」再好的朋友，再親密的閨蜜，也不能無底線、無原則地入侵自己的生活，破壞自己的心理邊界。所以，在這種情況下，只要心裡在抗拒，便堅定地把拒絕的話說出口。只是在說拒絕的時候，要向對方耐心解釋原因，讓對方理解自己。如果對方也把自己當親人，就應該理解難處，若也跟自己一樣還看重這份友誼，就不會因為這件事讓友誼的小船說翻就翻。

閨蜜如此，父母也不例外。如果他們的要求有違我們的原則，也是要敢於拒絕的。比如前文中提到的，強迫女兒去相親，去和自己不喜歡的人交往，這種時候就要明確說「不」。還有，夫妻之間有口角，雙方父母喜歡摻和，這時候也是要明確拒絕他們的「好意」。現實無數次拿活生生的實例告訴我們，夫妻吵架，若沒有父母摻和，常常床頭吵完床尾和，可一旦父母摻和進來了，吵到離婚的都大有人在。所以，一定要對父母說：「你們別管，我們自己會處理。」

對於那些從小在強勢父母管制下長大的討好者來說，要對父母說「不」，難度真是相當大。因為多年來，他們已經形成了固化的心理模式，凡事就是要聽從父母的，讓父母開心。否則他們心裡就會焦慮不安，坐臥不寧。

我認識一個女孩子，從小什麼事情都聽強勢母親的安排，一直都是一副乖乖女的樣子。二十五歲之後，她就如剛進入青春叛逆期一樣，突然對母親的安排極度反感，但這種反感只是在心裡翻騰，她從來不敢流於表面。這讓她很痛苦，常常母親早上打電話跟他說：「你中午回家一趟，我有事跟你說。」她這一上午就在煎熬中度過，心裡好幾個小人在打架，一會兒這個說：「憑什麼你叫我回去，我就得馬上回去？」一會兒那個說：「我如果不回去，媽媽生氣了發火了怎麼辦？」一會兒又一個說：「我這就打電話跟媽說，中午有事回不去了。」一會再一個說：「哎呀，媽媽要是問我有什麼事不能回去，我怎麼說？」一顆心被揉搓得不成樣子，最終中午下班，她還是收拾東西趕回家。對於這樣的頑固型討好者來說，要她對父母說出一句拒絕的話，真是需要莫大的勇氣。

但是，**意識到問題的存在，就是自我成長的開始**。當她開始尋求解決問題的途徑的時候，意味著冰山開始融化。只要她有意識地不斷挑戰自我，終會讓內心一點點強大起來，脫離從小禁錮自己的「討好心理」。

不要畏懼父母的強勢和權威，不要怕父母不高興。我們已經成年，我們有足夠的能力處理、決策婚姻以及工作、生活上的事情。**不要讓童年的那個弱小的我們，繼續主宰我們的內心**，習慣性地依賴父母、討好父母。

最親的人，往往打著「愛」我們的旗號，對我們進行情緒勒索，而我們因為害怕他們傷心，害怕失去他們的愛，而難以說「不」。結果，我們便長久持續被傷害。要明白，對至親的人說「不」，是對自己的愛護，但也絕不是對親人的傷害。他們若也理智、真心愛我們，就會成全我們的「反叛」和「不可愛」。

Part 6

拚命取悅他人
不如豐富自己

「不要去追一匹馬，用追馬的時間種草，待春暖花開時，就會有一批駿馬任我們挑選；不要去刻意巴結一個人，用暫時沒有朋友的時間，去提升自己的能力，待到時機成熟時，就會有一批朋友與你同行。用人情做出來的朋友只是暫時的，用人格吸引來的朋友才是長久的。所以，豐富自己比取悅他人更有力量。」

——諾貝爾醫學獎得主　屠呦呦

人以群分：圈子不同，不可強融

古語說：物以類聚，人以群分。這話是真有道理的。正所謂「畫眉麻雀不同嗓，金雞烏鴉不同窩」。在一個圈子裡，成員勢必有相同的興趣愛好，有相投的脾氣秉性，有聊得來的話題，有相近的觀點和思想，有一致的價值取向……有太多一致的同溫層。

每個人都有適合自己的圈子，也隨時會誤入不適合自己的圈子。當我們在一個圈子裡待著不舒服，有不合拍的感覺時，那就說明，這個圈子不適合我們。

白帆是我的一位讀者，是個剛上大二充滿青春氣息的女孩子。那天她在社群媒體上和我聊天，忍不住大吐苦水。她說，寢室加上她總共四個女孩子，但很不幸，她和另外三個一點也不合。那三個女孩子，一個喜歡上網購物，每天沉醉於各大網拍，每天都忙著收快遞包裹；一個喜歡抱著筆記型電腦追韓劇，常常看得一陣哭一陣笑的；還有一個則癡迷玩網路遊戲。總之，除了她以外，其他三個都是不折不扣的電腦依賴症患者。雖然三個女孩子偏好不同，卻有共同語言。

這個網上挑衣服，另外兩個有空就湊過去幫忙挑選；那個看韓劇看到動情處，會暫停叫上另兩個過來一起看，三個人還邊看邊發表評論；玩遊戲那個更不用說了，闖關過不去，隨時叫上另兩個幫她……

而白帆對這些不感興趣，她喜歡靜靜地看書、畫畫。那三個人的喧鬧常常讓她很煩，可又不好意思說。更讓他困擾的是，因為話不投機，那三個人漸漸孤立她。四人出去逛街吃飯，常常是那三個人嘻嘻哈哈走在一起，自己在後面孤單單走著。為了避免這種尷尬，她只好推託有事，儘量不和她們一塊行動。但如此一來，她和她們就更加疏遠了。發展到後來，即便都在寢室裡待著，她們也不跟她說話，視她為空氣。

白帆很難過，被群體孤立的滋味不好受。為了改變這種局面，為了融入她們那個小圈子，她試著改變自己，努力去靠近她們，甚至是討好她們。她裝作對她們的偏好很感興趣，和她們一起逛網拍，追韓劇，就算對網遊一竅不通，也強迫自己湊過去……

努力示好似乎有了效果，白帆每天和三個女孩子有說有笑的，一起出入的時間也多了起來，她貌似成為這個小群體中的一員。

「可是，您知道嗎？我是合群了，不再被孤立了，可是，我一點也不開心！」白帆發過來一個難過的表情。「我每天做著我不喜歡的事，那些事情太無聊了，太浪費時間了。還要說著迎合她們的話，很多時候都是違心的話，感覺自己都不像自己了，心好累。」

正是因為那三人小圈子不適合白帆，所以她才會覺得心累。她本就跟她們不是一類人，為了跟她們合群，刻意改變自己、委屈自己，去曲意迎合她們，結果她討好了別人，卻討好不了自己，迎合了這個群體，卻在迎合中迷失了自我。

故而，圈子不同，不必強融。民間俗語說得很明白：「魚找魚，蝦找蝦。」道不同，不相為謀。我們本是一條魚，非要往蝦群裡擠，那就意味著，越是努力想融入那個不適合自己的圈子，就越是要壓抑、扭曲自己。而這種壓抑、扭曲和委屈終究換不來這個圈子對我們的接納，無論我們怎麼努力，我們始終會有一種游離於外的被孤立感。而在這個過程中，那種刻意要求自己去適應別人，去迎合別人，去討好別人的心理，不僅會讓自己很累，更是對自我的折磨和放棄。

為什麼一定要和那些和自己談不來的人合群呢？為什麼一定要改變自己，去強求和自己價值觀完全不同的人的接納？在這個世界上，註定會有很多人，無論我們怎麼靠近和討好，也無法成為我們的朋友，因為壓根不是一類人。也註定會有很多時候，無論我們怎麼表現自己，也總會有人不喜歡我們，因為我們不是萬人迷。

所以，遠離不適合自己的圈子，遠離那些註定跟我們走不到一起、做不了朋友的人。與其把時間浪費在努力合群上，不如把時間花在自己身上。少了那些不必要的應酬、迎合、委曲求全，放下那些為了討好別人不得不做的事，我們才有更多的精力和時間去維護那些真正值得為之付出心力的人和事，也才有真正屬於自己的時間去做自己喜歡的事情，去提升自己，讓自己一天比一天更優秀。

當我們遇到適合自己的圈子，不必費心去迎合、去討好，也能融洽地和圈子裡的成員相處，因為你們氣場相合、志趣相投，你們是一類人。

當我們自身變得強大時，自會有很多仰慕我們能力的人，主動向我們靠攏，以我們為核心的圈子自然就會形成。在這個圈子裡，我們不必用刻意的討好讓別人接納我們、圍繞我們，而是用優秀、美好吸引別人和我們同行。我們不討好他人而堅持自我的態度，會讓欣賞和喜歡我們的人為了適應我們而去改變他們自己。說直白一點，**我們不需要討好這個世界，只需討好我們自己**。做好自己，我們想要的，不必用「討好」就可以獲得。存在感不是靠別人給的，底盤大，根基壯，想無視我們都做不到。

為合群而討好別人，等於浪費生命

人生苦短，每個人來這世上走一遭，若不能好好做自己，豈不是太虧了？從這個角度來講，討好者為了合群而討好別人，如上一小節中我們談到的，處處迎合別人，做自己不喜歡做的事，說自己不喜歡說的話，可以說是為別人而活，放棄了自我，迷失了自我，這無異於浪費生命。

更何況，若不加甄別和判斷地選擇了低品質、低層次的圈子，這個時候我們越是努力地討好圈中人，以求融入這個圈子，越是對自我的毀滅，對生命的浪費。

李浩靠著勤奮學習，從一個小鎮考入一所普通的大學。他立志要苦學四年，繼而能夠選擇一所自己滿意的學校讀碩士研究生。可是，寢室裡八個人的小團體熱衷於下了課打牌，週末一起去看電影。他們在狂歡的時候，不忘諷刺挖苦李浩：「書呆子，死讀書有什麼用啊？你就裝吧，假正經會沒有朋友啊！」

李浩受不了被排擠，於是想方設法地討好他們，在他們玩牌的時候幫他們買飯、倒水，甚至自己掏錢買零食給他們吃，用室友的話說，就是個伺候人的。室友過意不去了，看電影會帶他一起，聚會喝酒也叫著他。李浩本不想去的，他只是想和他們搞好關係，並不想浪費時間去喝酒、看電影。可是又怕拒絕了會遭室友的挖苦和孤立，為了不駁他們的面子，李浩只好選擇順從。

結果，一來二去，李浩學會了抽菸、喝酒、打牌、看電影，和室友打成了一片，功課也和他們很「合群」，考試時一起掛「紅燈」。四年後，勉強畢業的李浩四顧茫然，求職屢屢被拒，考試也敬陪末座，這時候他才感嘆，合群，浪費了他四年青春。

周穎畢業進電視臺工作不到半年，因為視野開闊、反應機靈很快在她那個欄目組裡嶄露頭角。她策劃的選題總能得到領導的肯定和表揚，她製作的節目總能被評上A而拿最高等級的效益獎。部門主任好幾次在公開場合說：「周穎有很好的天分，好好做，你會大有作為的。」可伴隨著主管的肯定和表揚，隨之而來的是同事們的打壓和排擠。他們不和周穎說話，有聚會也不叫她參加，有一次全組聚餐，負責通知的同事故意沒對周穎說，其他人也都心照不宣地不談論一個字。結果，到午休時，周穎自己去員工餐廳吃飯，其他組好幾個人很詫異地問她：「你們組聚餐，你怎麼沒去？還自己跑來員工餐廳來吃飯？」周穎明白怎麼回事後，既尷尬又難過。平時，同事們總時不時對周穎冷嘲熱諷：「逞什麼能？好像她多能幹似的！」、「不就是會拍馬屁嘛！把功勞都做在主管眼皮子底下。」周穎漸漸承受不了這種排擠，她的工作熱情急遽下降。

為了討好同事，她不再積極提選題，不再搶著要任務，讓自己「泯然於眾人」，和大家一樣，不顯山不露水，看起來很合群的樣子。主管也很少再表揚周穎，一個幹勁十足的年輕人，就在合群和討好的禁錮下，放棄了茁壯生長。

諸如此類的合群，是對自我的不負責任。放棄夢想、放棄努力，自甘墮落地去迎合、討好那些低層次、低品質的圈子裡的人，換來了接納，卻丟掉了自己最寶貴的東西：時間、青春、夢想、追求……這是對生命最大的浪費。

有討好心理的我們，尤其需要有不合群的勇氣。當意識到我們需要放棄自己寶貴的東西，需要浪費生命去融入那個圈子，去獲得周圍人的認可和肯定的時候，就要警醒，這個圈子，這個圈子裡的人，不可靠近，要儘快遠離，否則真就把自己拖入了泥沼，把自己的生活糟蹋得一塌糊塗。

即便遠離不了，也要勇敢地堅持做自己，不被同流合污，不放棄原則，不委曲求全去「合群」。**即使因為自己的堅持而被周圍的人排斥和打壓，也要保持一份淡然的心境和傲然的姿態，不去在意他們的目光和譏笑，只專心做好自己的事，努力做自己就好。**

有一段時間我特別關注一個人，她是我公司對面一家電腦商城的銷售員，一個叫孫明的女孩。因為我常去採購耗材，因此跟她熟了起來。她之所以引起我的注意，是因為她跟周圍的同事相比之下，總顯得格格不入。沒有顧客的時候，別人都忙著滑手機。而孫明呢，只是安靜坐在電腦旁瀏覽文學網站。休息的時候，她也是躲在一個角落裡，抱著筆記型電腦，敲敲打打，好像在寫什麼東西。

有時候去店裡沒碰見她，順口向她同事詢問才知道，她去培訓機構上課了。我和其他店員聊起她的時候，大家臉上都是譏諷的表情，用不屑的語氣說：「她整天神經兮兮的，不知道在想什麼，我們都不和她說話。」、「她很另類，跟我們合不來，我們也懶得理她。」

就這樣，孫明每天形單影隻，也不理會周圍同事的冷落和譏諷，看起來只活在自己的世界裡。有時候我會好奇地想：她是不是性格很孤僻？她內心一定很不開心吧？

突然有一天，她送我一本書，上面赫然寫著她的名字：「老師，這是我的處女作，請您多指導。」那天我們聊了很多，有關文字、有關書、有關夢想……原來她是個很健談的人，一點也不孤僻。她只是和周圍的人沒有話說，因為她和她們不是一類人。她也不委屈自己迎合他們，裝作和他們很合得來的樣子。

後來，孫明離開了那家電腦商城，去了一家外商公司，薪資比起過去高出好幾倍。原來她去參加培訓學習，就是為了進外商做準備，而她那些同事，依舊每天滑著手機，過著裹足不前、不求進取的日子。推論一下，如果孫明做不到堅持自我，最後妥協了、合群了，恐怕她現在依舊是這些泛泛之輩中的一位。

生命只有一次，自己的時間把握在自己手中。浪費生命去合群，再努力也會被輕視；珍惜時間提升自己，再不合群也有人欣賞。

享受剛好的孤獨，不在無效社交中迷失

初出茅廬時，我也曾經很羨慕那些社交達人，覺得他們很能幹，有那麼多朋友，給人一種呼風喚雨的感覺。但漸漸地，多年的人生經歷讓我看到了這種喧鬧夾雜著的虛假，看到了升騰的泡沫，也看到了這些達人們不為外人道的苦悶和疲憊。因此，我們有必要檢視自己的朋友名單、置身的社交圈，看看這其中有多少人際泡沫存在？

那些充斥著負能量，和自己不合的群體，那些根本不熟悉甚至看到名字都記不清面貌，只在社群媒體上按讚，或只聚集在酒桌飯局麻將機旁的「朋友」……都是一個又一個很輕易就會破裂的泡沫。而我們很多時候沒有意識到這些，還以為朋友多就是人緣好，沒有朋友會被人笑話；或者抱著「朋友多了路就好走」的想法，認為積累人脈就是積累走向成功的資本，而極力去拓展朋友圈，甚至不惜討好、迎合去加入一個又一個群體。

殊不知這種社交大多是無效的，純粹只是浪費時間，進而拉低了自己的人生價值。就

拿上一小節中提到的李浩和周穎來說，他們努力去融入的圈子，就是一個低品質的、低能量級的圈子，對他們來說，不但丟棄了自己的追求、志向，泯滅了自己的個性，而且並沒有得到預先想要的人際和諧和快樂。因為當他真正融入那個圈子之後，他就發現，一切並非如自己所想。而最大的損失是，他們浪費了大好的青春年華，廢棄了才能和靈氣。

多年前曾經看過一檔娛樂節目，給我留下深刻的印象：節目中，攝製組包下一處高檔餐廳，清退所有食客後，安排一些演員扮作食客，他們清一色穿著雨衣戴著墨鏡吃飯，並在進食過程中不時做一些很搞笑無厘頭的動作。不一會兒，有不知情的用餐者進入餐廳，面對這不合常理的進餐場面，先是迷惑，繼而很彆扭地坐下來很彆扭地吃飯，還不時用詫異不解的目光掃視周圍那群打扮和舉止怪異，但似乎整齊劃一的人。最終，在經過觀望和猶豫之後，他們也陸續跟著，相繼穿上攝製組事先準備好的雨衣，戴上墨鏡，並跟著一起做那些毫無道理可言的奇怪動作……

看節目的時候，我和家人哈哈大笑，覺得那些人真是傻，明明很荒謬的言行，卻還跟著做。事後靜下來想，當我們置身其中，難保不和那些人一樣傻。因為群體的一致性對個體心理的影響力實在不容小覷。而我們在日常生活和工作中，不知道有多少次就這樣被群體的意見所左右，眼睜睜變成一個無思考能力的人。

對一個群體越是不加審視地盲目融入，當融入的程度越深，被大眾觀點牽著鼻子走的狀況就越嚴重。道不同，不相為謀。面對不適合的社交圈，我們越努力融入，就意味著自我被切割得越多，自我「葬送」就越徹底。如果刻意要求自己完全適應、迎合別人而放棄自我，也是對自我的漠視和不負責任，而這種所謂合群，往往也是貌合神離的。

第一，我們帶著討好的心，放低自己的姿態去迎合別人，首先給人一種「我很LOW」的資訊，別人自然會降低對我們的評價，認為我們沒有可以用來互換的價值。

有時候我們不得不承認，人際交往其實就是一種互換關係，只是很多時候這種互換不對等而已。當別人判定，我們很弱，沒有價值，那麼他們早早就在心裡對我們打上了叉。

第二，我們放棄自我，故意拉低自己去迎合別人，去配合別人的節奏做事，我們的內心是扭曲的，也難做到和別人心靈相通。只不過是表面上的「好好好」、「是是是」，內心卻有一百匹脫韁的野馬在朝著另一個方向掙扎奔逃，不是貌合神離是什麼？

所以說，適時清理一下自己的交際圈，把那些耗費時間和精力的無效社交都排除掉，把需要用討好來維繫的朋友都拉進黑名單，把那些不必要參加的應酬、活動都拒絕掉。還自己一個自由的心靈空間，給自己節省出獨處的時間，去享受剛剛好的孤獨。

是的，享受孤獨。著名作家李敖說：「我是個單幹戶，不與朋友來往，但是我很用功，每天工作十六個小時，很充實。」在我們看來，每天獨處，一個人工作十幾個小時，不孤獨嗎？的確孤獨，但李敖很享受這種孤獨，他在孤獨中專注工作、著書立說，成績斐然。**孤獨會讓我們更高效地工作，更投入地學習，更專注地讀書，孤獨會讓我們更清醒地面對我們自己。**而社交的喧嘩，只會讓我們離內心的自我越來越遠。

可見，低品質的社交，遠不如高品質的獨處。獨處是一種更為深刻的自我成長，在屬於自己的時間裡，我們可以通過閱讀、思考、創作等方式來提升自我，加深對自己的瞭解，培養各種能力，完善個性等。這些都是取悅和討好他人以及盲目合群所給予不了的。與其從外花費精力去經營無效的社交關係，不如在孤獨中豐富和強大自己。要懂得遠離無效社交，避開負能量，學會和自己相處。學會利用獨處的時間，讓自己更加強大。

人們肯定一個人、讚揚一個人，從來不是因為他合群，一定是因為他優秀。拒絕無效社交，和自己好好相處，就是我們通往優秀的開始。

培養一種「愛好」，對抗無聊

很久以來，我就發現，培養一種愛好，會讓自己的生活充實很多。我喜歡畫畫，工作累了，拿起畫筆隨心所欲勾勾抹抹，既放鬆身心，又品味的樂趣，可謂一舉兩得。

有一段時間，家人出去旅行，我因為書稿沒完工，無法同行。長達十多天的時間裡，我蝸居於書房，對著電腦敲敲打打，餓了就煮包泡麵，睏了倒在沙發上就睡。實在寫不下去了，就起身滿屋徘徊。突然有一天，各個房間轉了一個遍之後，就覺得這屋子太過於安靜了，莫名地心裡就有了孤獨感，彷彿自己被這個世界給遺忘了。於是，我打開音響，選了自己喜歡的歌，以最大的音量播放，我也放開嗓門跟著一起唱。可是，吼了一會兒，還是覺得無聊和空虛。

關了音響，發了一會兒呆。我端了畫板坐在陽臺上，對著一點點西墜的夕陽，開始作畫。那一刻，整個世界都安靜下來，我的一顆心也安靜下來。風拂過髮梢，夕陽的餘暉落在畫板上，那種祥和柔靜，讓我深深沉醉其中。時間一點點過去，我居然沒有察覺天已經完全黑了，等一幅畫完成，我滿意地欣賞著自己的作品，才感覺肚子餓了，抬頭一看鐘，已然兩個小時過去了。這兩個小時就好像給自己的心做了一個按摩，吃了點東西後，我又精神飽滿地投入工作中了。

我的一個女性朋友因為老公事業發展不錯，辭職回家做了全職太太。別人不上班日子過得悠哉，她卻是閒得發慌、痛苦不堪。她知道我大部分時間都不需要進辦公室辦公，只在家裡打字，便打電話向我請教：「整天無所事事，既空虛又無聊，你整天一個人待著，不難受嗎？」

我說，我大多時候是在忙著寫東西，沒時間難受。退一步說，休假的時候，即便不工作，一天的時間也會過得很充實，甚至忙碌得覺得時間都不夠用。她好奇地問：「那你休假的時候都做什麼啊？」

「我經常是拿出半天時間畫畫，然後欣賞自己的畫。再拿出半天的時間看書，然後閉目冥想，思考看過的書的思想。」她就笑：「我可不會畫畫，也不喜歡看書。」

「你可以去做你喜歡做的事情。哪怕是種種花草，聽聽音樂，只要不是不良嗜好，都可以用心去做，都可以讓自己過得很充實。」

後來我這個朋友採納了我的建議，去學習插花和剪紙。每天從花店買回鮮花，自己在家修剪、整形，讓它們在花瓶中三百六十度無死角美麗地綻放，讓每個房間都浸潤著花香，她無比開心。而剪紙呢，她居然一接觸就入了迷，每天不停地剪啊，設計啊，據說還參加剪紙比賽拿了獎。她再沒工夫給我打電話嘮叨什麼空虛、無聊。

對於討好者來說，很多時候因為內心空虛、寂寞，期望得到別人的陪伴，得到別人的接納以獲得存在感，才想盡辦法去討好別人。小時候我們都有這樣的心理經歷，為了讓同伴能跟自己玩，不惜把自己心愛的玩具送給對方；對方一再提出的不合理要求，我們都抱著討好的心答應，只要他同意跟自己玩，怎麼都行。

想起潘長江演的小品裡的那個愛跳舞的「小陀螺」，因為找不到舞伴，沒人帶他玩，他討好地給舞蹈隊隊長打電話，請求對方，只要讓他加入舞蹈隊，他自己花錢請舞蹈隊吃飯；請求讓他參加「千手觀音」的表演，哪怕站在最後一個抖抖手都行……即便如此討好，如此放低自己的姿態，對方還是拒絕了他。

想想實在何必呢，為什麼非要別人帶著你玩？收一種「愛好」做朋友，自己跟自己玩，一樣可以玩得很嗨。可以說，興趣愛好是對抗空虛寂寞的利器。而且，健康積極的興趣還能提高我們的生活品質，提升我們的修養和內涵，真可謂一舉多得。

如何培養興趣愛好呢？首先要對自己擅長什麼、喜歡什麼做個大致的瞭解，對自己的性格特點有一個大致的把握，從而進一步確定發展興趣愛好的方向。然後在這個基礎上多方嘗試和體驗，最終確定自己真正感興趣的，而且真正適合自己的項目。接下來就是認真去學習、培養，堅持去練習，持之以恆，從不間斷。當我們能夠得心應手玩轉這個興趣愛好後，生活就會因為它的存在而變得豐富多彩而快樂美好。

我有個小建議，對於討好型人格的人來說，加強健身是個不錯的業餘愛好。健身不但能增強體魄，而且能健美身材，讓胖子瘦下來，讓瘦子有肌肉，讓男士更挺拔英武，讓女士更窈窕妖嬈。如此可以增強自信心，增加自我愉悅感，從而驅除內心的自卑，減弱因缺乏存在感而滋生的討好心理。我們總說要強大自我，其實這個強大不單單是指內心，也包含外在的強大。

身材的日趨完美，增強自己信心，也讓別人也覺得賞心悅目，繼而又給自己一個正面的資訊。如此良性循環，內心也跟著明朗起來。再者，運動本身就有讓人快樂的作用，每天健身一小時，堅持一段時間後，內向的人性格都能變得開朗，懦弱的性格也能朝著堅毅果敢改變。

人生只有一次，若被無聊和空虛控制著，去做討好之事，實在是對自己的虧待。專注於興趣的培養和堅持吧，相信我們的生活會越來越精彩！

傾聽內心的召喚，別被外人所左右

和幾個朋友一起去吃飯，明明不喜歡吃餃子，想吃飯，可大家都說：「吃餃子吧，這家飯店的餃子很好吃。」我們就硬生生把想吃飯的話吞了回去，跟著大家一起吃餃子。和閨蜜逛街，明明我們很喜歡那件衣服，可試穿的時候，閨蜜各種非議：顏色不好看，款式老土，穿著顯胖……儘管心裡有很多不捨，還是把喜歡的衣服放了回去。

和同事去爬山，爬到半路下雨了，有的人說找個地方躲雨，等雨停了再接著爬；有的人說乾脆下山吧，冒雨在山上待著或者繼續爬，都很危險；還有一些人說，雨中爬山更有情趣，何必畏懼下雨……你只是靜靜聽著，一副「我聽你們的，我怎麼都行」的樣子。最後，絕大部分的人選擇下山，只留下一些人決定繼續爬。你左右為難，不知道跟隨哪個決定才好。下山的隊伍中，有人拽你一把，你便在人群的裹挾下，沒有任何思想地跟著下山了。到了山腳下，雨停了，你在心裡遺憾，當初真應該跟著那些上山的人走。

你想寫一部書，內容都想好了，可跟朋友聊起來，有的人說：「內容不新啊，會有人感興趣嗎？」有的人說：「現在出書這麼難，寫了出不了，豈不是白忙一場？」有的人說：「哎呀，你那水準，寫篇文章還行，寫書太費勁，多累啊！」……你的心跟著左右搖擺，最終放下了曾經想來就熱血沸騰的創作計畫……

以上場景是不是覺得很熟悉？對於內心不堅定的人來說，被別人的言論所影響，甚至所掌控，真是稀鬆平常的事。尤其是討好者，更是太在意別人的意見，太容易被別人的看法所左右了。他們在群體中說話做事，考慮最多的是：「別人對這件事如何看，如何想？」、「他們選擇什麼，是怎樣的感受？」而不是「我對這件事是怎麼看的，怎麼想的，我的感受如何？」。他們不敢說出自己內心的真實想法和感受，因為怕遭反對、譏諷和排擠。甚至當大多數人堅持和自己不一樣的想法的時候，他們還會很容易就否定自我，對自己進行批判。

與輕易妥協和否定自我相比，他們大多時候是沒有主見的。他們內心迴響著的更多的是：「大家都這麼說，都這麼做，那麼我也……」即便大家是錯的，他們也附和著跟著一起錯。如此，他們在取悅他人、努力合群的路上，迷失了自己，越來越不知道自己是誰，自己想要什麼。

他們忽略了一個很重要的事實，那就是：**自己才是主體，才是掌控自己生活、主宰自己命運的主人！**每個人都有自己的人生目標和規劃，都有自己不同於別人的處事方式、思維方式，都有自己的喜好……概括了說，每個人都是獨立的個體，都是不依附於別人而獨立存在的個體。

為什麼要讓別人左右我們，把自己的生活和人生交給別人操控呢？要知道外人是不會站在我們的角度來思考我們自己的問題的，再親密的親人幫你拿主意、做決定的時候，都會摻雜他自己的意念，根本做不到拋卻那個「我」，徹徹底底為我們著想。

所以，率性做自己吧，自己喜歡的東西沒必要去徵求別人的意見，問別人好不好看，該不該買；自己要做的事情，也沒必要去聽從別人的指揮，鐘錶多了便不知道正確的時間，堅定自己內心的信念，聽從自己的內心就好。

克服取悅心理，就從自己的事情自己決定開始吧。按照自己的認知、感受來決定和處理自己的事情，而非像隨禮包紅包一樣，別人包多少錢用什麼顏色的紅包，我們便也跟著如是去做。我們如此違背自己的真實意願，去附和別人，並不會就此得到別人的情誼和欣賞，只會讓他們越發忽視我們的存在。因為我們只是應聲蟲、跟隨者，像個影子，誰會注意自己的影子呢？

在遇到事情需要做決定的時候，先別急著取悅別人，想著他們是什麼感受，什麼看法。而是先關注自己的內心、自己的感受，先傾聽自己的內心。

舉個例子，大部分職場女性在懷孕生子後，會面臨是做全職媽媽，還是把孩子交給別人帶，自己繼續工作的選擇。若忽略自己，只聽從別人的意見，那麼老公會說：「養家有我，你安心在家照顧寶寶和這個家就好。」長輩會說：「孫子讓我照顧，你放心去工作。」為了討好老公，她會選擇做全職媽媽；若為了讓長輩高興，她會選擇出去工作。可是，自己是怎麼想的？自己喜歡哪一種方式？她完全忽略掉了。

成熟的做法是先問自己的內心，尊重自己的感受。想工作，就想辦法把孩子安頓好；想在家照顧孩子，就開開心心做全職媽媽。從自己的內心出發來做決定，而非由老公或者長輩來決定自己的人生方向。

我們的生活不是讓別人過的，我們的幸福也不是別人能夠給予的。當我們由關注別人的內心轉而更多地關注自己，由看重別人的目光轉而更重視自己的感受時，我們便懂得了如何尊重自己的內心所想，懂得了聽從自己的內心做出取捨，懂得了順從自己的生命訴求，順應自己的內心，才是王道。

接下來不妨牛刀小試一下吧，下次和朋友、同事一起吃飯時，當他們都選擇了餃子，我們可堅定地對服務人員說一句：「麻煩給我一碗飯。」就是要這麼任性地做自己！

不屑取悅別人，就要習慣在孤獨中成長

大學同學李琳不僅是個典型的學霸，而且有不俗的顏值，是那種讓同齡孩子較之黯然失色的「別人家的孩子」。我羨慕她的成績，她卻說，她內心有深深的自卑，求學至今，她一直都不快樂。原因很簡單，她太好學，和周圍太多會玩樂的同學格格不入。大家都疏遠、冷落她，說她是「冰山美人」，嘲諷她：「你跟我們不一樣，你是考清華北大的料，別跟我們混在一起，免得耽誤了你的大好前程。」

所以，十幾年的求學生涯裡，李琳常常形單影隻，一個人去餐廳吃飯，一個人坐在角落裡看書，一個人下了晚自習穿過黑漆漆的操場去寢室。她也嘗試過改變，放下高冷的架子，強顏歡笑，違心取悅同學，目的只是為了與聊娛樂八卦的女孩子打成一片。可沒堅持多久，她就受不了那種無趣，又退回到書本的孤獨世界裡。

我說：「你這麼好學，孤獨不正好為你爭取到更多學習的時間嗎？」

李琳說：「是的。可是你知道嗎？在一個團體中，不被這個團體容納，你的心裡會沒有歸屬感、沒有存在感。」

沒錯，李琳說中了人的社會性、群居性的本能心理需求，應該也說出了太多人內心的糾結心態——害怕孤獨，又不屑與志趣不同的人為伍。對於要通往獨立之路上的討好者而言，這更是不一般的考驗。普通人尚且都心存恐懼，小到害怕自己的喜好和朋友有差異而被排斥於群體之外，大到恐懼自己的夢想與眾不同而成為眾矢之的，被大眾嘲笑。何況內心極其自卑的討好者呢？

最初出於生存的需要，人類選擇群居，共同抵禦外在危險，保護群體中的成員。於是處在群體中的個體獲得了生存的安全感。繼而獲得精神上、心理上的「相伴而行」的安全感、歸屬感。置身在這個群體中，努力融入其中，和群體中的大多數保持一致，會增強個體的這種安全感和歸屬感。就如同走夜路，一個人和一群人走，心理感受截然不同。

討好者除了不喜歡被隔絕於群體之外，同時還有滿足認同感、存在感的需求，他們做一件事情，如果很多人認同，給予肯定和讚賞，就會更有動力和信心，更能堅持做下去。倘若大部分人反對、譏笑，他們自然會感到沮喪，灰心喪氣，甚至很輕易就會放棄。所以，為了獲得認同，討好者做什麼事、說什麼話，總要在心裡權衡，別人的感受、看法，當意識到自己的做法可能和大多數人的看法、意見相衝突時，他們會出於壓力放棄自己的想法，而選擇跟大多數人意見一致的做法。

另外，討好者還相當看重自己在別人眼中的形象，太在意別人對自己的評價，不敢特立獨行、與眾不同；囿於權威的討好者，也不敢堅持自己的觀點，很容易隨風倒、隨大流……可是，當個體喪失了自我，在群體的浩瀚星空裡，找不到自己發出的那一絲微弱的光，又何談安全感、存在感？人人都從眾，在虛假的熱鬧和合群中泯滅個性，扼殺獨特和創新，個體哪還會存在有意義的人生？人類社會還如何發展？

我常常拿大大的棉花糖和串棉花糖的木棍來比喻人的共性和個性之間的關係，棉花糖代表共性，那根木棍代表個性。兩者最佳的狀態就是，木棍有三分之一的部分串入棉花糖，兩者有部分融合，卻又相對獨立。如果木棍全部穿入棉花糖內部，那木棍就消失了，完全失去了它自己。而如果木棍為了彰顯個性，從棉花糖中完全脫離出來，獨立於世，那麼它又脫離了棉花糖這個大的群體。

這個比喻很好地說明了，每個人都有「與眾相同」和「與眾不同」的自己，兩者所占比例有最佳值，高情商的人能夠遊刃有餘地輕鬆取得兩者的平衡，做到既和眾人同行，又敢於活得與眾不同。

李琳後來去了美國讀博士，她寫信跟我談到：或許是成長後的頓悟，或許是環境的改變，想起過去鬱鬱寡歡的自己，她覺得很傻。為什麼要逼著自己去和跟自己聊不來的同學假意親密無間？吃個飯、逛個街為什麼一定要有人陪？為什麼非得要別人接受自己的生活方式？為什麼那麼在意別人看自己的眼光？這些現在看來都沒必要。聊不來就不聊，看不慣大可不看，一個人獨來獨往不是清高，不合群說明我們本就不屬於一個群體。為了合群，隱藏自己的個性，犧牲自己的快樂，是真正的不快樂。

我微笑著看她這些文字，為她祝福：她終於聽從自己的內心，不為合群而去違心討好這個世界。對於討好者而言，**遠離從眾的群體，面對孤獨是必然之路，那麼不如順勢而為，化孤獨為能量，學會在孤獨裡豐富自己。**

「孤獨」能成全最好的自己

人無法離群索居，但孤獨不可避免。或者說，若要不討好，不違心合群，不從眾，就要接受孤獨是生活的常態這一現實。

《月亮和六便士》中有一段話這樣敘述「孤獨」：「我們每個人生在世界上，都是孤獨的。每個人都被囚禁在一座鐵塔裡，只能靠一些符號同別人傳達自己的思想。而這些符號並沒有共同的價值，因此它們的意義是模糊的、不確定的。我們只能孤獨地行走，儘管身體相互依靠卻並不在一起，既不瞭解別人也不能為別人所瞭解。」也就是說，每個獨立的個體都是孤獨的存在，即便在喧鬧的人群中，即便和另一個人緊密擁抱，孤獨也還是會時不時從心底湧出。

所以，面對孤獨，我們除了接受它，還要學會享受它。不要一提孤獨，就覺得自己好可憐。而是要想到自由輕鬆，想到不被打擾，不必偽裝，不必討好，只好好和自己相處，做真實的自己……一旦調整好心態，我們會覺得在這個世界上，唯有安靜的、孤獨的獨處時光不可辜負。

更重要的是，孤獨時期是一個人最好的自我增值期，孤獨能夠成全最好的自己。

孤獨中能夠更好地認識自我。很難想像，一個整天穿梭於飯局、酒局，參加各種應酬、聚會，身邊總是燈紅酒綠、喧鬧紛擾的人能夠真正地認識自我。他們太多的時間戴著面具，頂著別人期望的人設在表演，連真實的自我是什麼樣子，可能都忘記了。認識自我一定不能通過他人的評價，一定是要在孤獨的狀態中，獨自面對自己，去發現自我、系統而深入地挖掘自我，才能真正地認識自我。

孤獨中能夠更好地塑造自我。很多積累都需要在獨處時來完成，比如閱讀、思考、寫作、繪畫……那些平時不善交際、很少拋頭露面的人，冷不防於某一天脫胎換骨，一飛沖天，那一定是在孤獨中沉靜積澱，成就了更好的自己。

孤獨中能夠昇華自我。沒有隨隨便便的成功，沒有輕輕鬆鬆就能擁有的實力。大凡優秀的人，有所成就的人，無不是耐得住寂寞，善於利用孤獨的人。他們幾十年如一日處在孤獨中，潛心研究、學習、前行，而成就不菲的業績，創造輝煌的經典：曹雪芹孤燈下奮筆疾書，千迴百轉寫就流芳百世的《紅樓夢》。葉問無論寒冬或酷暑，長時間與孤椿為伴，苦練詠春拳，成就一代功夫大師。康德一生深居簡出，沒有愛好、沒有社交，甚至終生沒有結婚，一天裡的大部分時間都是一個人靜靜地獨處一室，潛心向學。他一生著作等身，其中《純粹理性批判》（*Critique of Pure Reason*）一書被列入西方哲學史上最重要的著作之一。羅丹的大部分時間都是在他的雕刻工作室中度過，陪伴他最多的就是一塊塊石頭，一件件作品。常常是一件作品動工之後，他便停不下來，連續工作幾十個小時是家常便飯。他的太多作品，成為傳世經典之作……

這些在歷史的天空中熠熠生輝的巨星離我們比較遙遠，如果不能引起你的共鳴。就說個發生在我身邊的事例吧！

小娟是我一個親戚家的孩子，高中畢業沒有考上大學，來城裡打工，暫時借住在我家。她應聘去了一家服裝廠做縫紉女工，工資不高，但休息時間很多。每天完成固定的工作量就可以自由活動。

女工們常常三五成群去逛街，一家店挨著一家店逛；去吃自助餐，吃吃喝喝說說笑笑，一頓飯總要吃上幾個小時。小娟卻很少參與其中，任誰叫也不去，只早早回家，鑽進房間裡一待就是好幾個小時不出來，安靜得就跟屋裡沒人一樣。

起初我想，這孩子是不是覺得住別人家拘束啊，老把自己關在屋裡，儘量不出來打擾我們？所以，我開導她：沒事看看電視，跟我們聊聊天，跟在自己家一樣隨意啊。小娟憨憨地笑笑說：「我看書呢。」後來我才瞭解到，她一直在讀服裝設計方面的書。一聊才知道，她想朝著這個方向發展。於是，我幫她聯繫了職業學院，選了服裝設計專業，一邊工作一邊上學。

三年求學期間，小娟早出晚歸，夜裡也常常學習到很晚才休息。休息日更是要到學校去上課，所以她沒有任何社交，更別說逛街看電影等消遣了。

畢業後，小娟應聘到一家實力雄厚的服裝公司，成為專業的服裝設計師。但她並沒有停止前進的腳步，前幾天小娟給我打電話說，她在爭取機會，去法國學習更先進的服裝設計理念。

幾年的砥礪前行，小娟早已經不是最初那個只會跑縫紉機的鄉下小姑娘了。孤獨的時光，讓她鳳凰涅槃，成長為最好的自己。

一位哲學家說：「世界上最強的人，也是最孤獨的人。只有最偉大的人，才能在孤獨中完成他的使命。」所以，慶幸我們有大把孤獨的時光吧，主動去迎接它、擁抱它，在它的陪伴下學習和自己快樂相處，然後實現自我最大增值，塑造出最好的自己！加油，孤獨中的你！

別費心證明自己，也不必違心取悅別人

我們頻繁替別人加班，幫別人跑腿，對別人的請求有求必應，以此來證明我們是個熱心助人的人；我們處處替別人著想，順著別人說話，費盡心思讓別人開心，以此來證明我們是個善解人意的人；我們不和別人爭論，不反對別人的意見，遇事先道歉，有衝突先退讓，以此來證明我們是個與人為善的人；我們把別人的事當自己的事，像個便利貼一樣到處支援，多難的事都毫不猶豫攬過來解決，以此證明我們是個有能力的人……

種種費心證明自己的行為無不在說明一點：我們的內心不夠強大。所以，我們需要靠著外界對我們的肯定和接納，來支撐我們的價值，來增強我們的自信。但這樣做的結果，除了把自己淪為討好者，陷入取悅他人的泥沼，也是自我迷失的開始。因為眾言紛雜，我們向甲證明了自己的能幹，可能乙在說我們裝；你向丙證明了自己的善良，可能丁在說你偽善。你把陽光的一面拿來證明給人看，可能就有更多人猜疑到陽光的背面，是否會有另一片的陰影。還有，同一個人，他今天會肯定你，明天就可能否定你。你無法頭尾兼顧，八面玲瓏，無法讓所有人滿意，也無法讓一個人時時都對你滿意。

我想起那個大家都熟悉的故事。父子倆騎著一頭驢去趕集，有路人議論：兩人心真狠，都坐在驢子身上，把驢子壓壞了怎麼辦？於是，為了證明自己不心狠，父親跳下驢子，跟在驢子後面走。可此時又有人說：那孩子真不懂事，自己騎驢，卻讓父親跟著走。於是，為了證明孩子不是不懂事，爺倆互換，父親騎上驢，兒子跟在後面走。結果人們又說：這當爹的一點不心疼孩子，居然自己騎著驢，讓孩子跟著走。好吧，父親索性也跳下驢，和兒子一起牽著驢走。可是呢，人們一致在說：瞧這爺倆真傻，放著驢不騎，都跟在驢後面走……看看這父子倆，無論怎麼費力證明自己，都無法讓所有人滿意，都得不到切實的肯定。

真正內心強大的人，從不費力去證明自己。就如一座高山，巍然挺立，不自言高，但人人都看得到它高聳入雲。所以，與其討好別人，費力表現自己、證明自己，不如安靜做好自己。

「肯定」在自己手裡

要記住，除了自己，沒有人能讓我們失望。同樣，除了自己，沒有人能持續給自己愛和力量。所以，要對自己說，我就是那個最好的我，不必去證明給誰看，不必去取悅別人。我們把自己當太陽，我們就是燦爛的；我們把自己當松樹，我們就是挺拔的。總之，相信自己，肯定自己。當我們如此做了之後，我們會發現，我們不再看重別人的評判，因為我們不再需要。我們已經懂得，評判權只掌握在自己手裡。

要讓自己有底氣，有堅定的內心

一個叫黃妮的女孩子曾經對我說，她從不巴結別人，能合得來就走近一點，合不來就保持距離，互不干擾，多一秒鐘都不浪費在費力結交的人身上。她沒幾個朋友，真正交心的、談得來的無非兩個，一個從小一起長大的姐妹，一個大學同寢室的室友。

黃妮在公司從來都是獨來獨往，看起來很沒人緣的樣子。那兩個朋友很擔心她在公司不開心，便時常去看她，並勸導她，要合群，要和同事好好相處，她總是很高冷地對她們說：「我有底氣撐得起獨來獨往的勇氣，有堅定的內心撐得起無須證明的自我，我為什麼要去迎合他們，討好他們？」黃妮說得很對，內心堅定的人才不會那麼在意別人的目光和評價，才不會那麼想得到別人的肯定和接納。

王陽明說：「使天下盡說我行不掩言，吾亦只依良知行。」意思是，就算全天下的人都來指責我，我還是依然聽從自己內心良知的聲音，獨自前行。他是活在自己的世界裡，而非活在別人的眼中和口中，這是怎樣一種堅定和有底氣呀！

• 讓自己強大起來，用實力說話

當我們對這個世界收起仰視的目光，我們就能做到不討好任何人。我們在做事時，就不會想要做別人認為對的事，而是要做自己真正想做的事。這就是實力帶給自己的力量。當然，我說的不仰視，不等於鼻孔朝天，傲然對待周圍的人和事。

不討好任何人，不等於就敵對、強硬、不妥協，對任何人都冷若冰霜、緊閉心門，完全以自我為中心，不在乎任何人的感受。如此從一個極端走向另一個極端，矯枉過正，意味著並沒有真正看透問題的實質，沒有真正參透自己的內心。

理想的狀態是，自擁實力，但以平常心對待周圍的人和事，該和善的時候微笑，該伸手幫忙的時候伸手相助，該發火時候別憋著，該拒絕時候也別不好意思。

聽別人發表意見，抱著參考的態度，自己做決定的時候，依舊聽從自己的內心，而不輕易受到外界的影響。心裡有一根「定海神針」，任爾東南西北風，我自明瞭自己該幹什麼，該去哪裡。至於如何強大自己的內心，如何豐富自己、提升自己，我們在接下來的小節中詳敘。

豐富自己比取悅他人有力量得多

討好者的內心因為缺少存在感、安全感，自我價值感低……也就是說，有一個又一個的「空洞」，所以他們努力尋找能夠用來填補空洞的東西。在討好心理的作用下，他們選擇了用取悅他人來換得自己需要的東西的方式。因此，他們把全部的關注都投放到外界，把填補空虛的希望都寄託在別人身上。但殫精竭慮討好的結果，往往讓他們黯然神傷，他們發現，越是討好，內心反而越是空虛，空洞反而越多。為什麼呢？

● 過於關注別人，勢必會委屈自己

他們把關注投放到他人身上，每天只關注別人需要什麼，情緒如何，把別人放在首位，勢必忽略自己。自己需要什麼，有什麼委屈，他們不關心，或者選擇犧牲自己，不去

關心。他們從來沒有為自己而活，他們做的事情很少是自己喜歡的，是自己想做的，大多時候是違背自己的心意，看著別人的臉色，迎合著別人去做事、去說話。如此狀況，那個「自我」越來越弱小，越來越虛無，靠外界的力量如何能充盈得起來？只能說，「討好」讓他們的內心更加空虛和匱乏。

● 討好換來的好感只是過眼雲煙，來去匆匆

他們的討好換來的肯定、讚賞和認同都是沒有根基的，來得快去得也快。很多時候，那些肯定和認同並不是別人發自內心的，不過是接受了他們的討好之後，作秀一樣應付和敷衍他們的回饋。可想而知，如此廉價的填充物怎能讓討好者的內心真正充實起來？

更殘酷的現實是，在成人的交際邏輯中，一個人是否值得肯定，是否讓人敬佩，不在於他為別人付出多少，對別人如何討好，只在於這個人是否有價值。

若有價值，即便不討好任何人，依舊被人賞識，希望與其建交；反之，他對別人越討好，越降低在別人心目中的價值。這在前文中我們有過詳盡的闡述，就是那個「登門檻心

理效應」。

所以，期望用討好換來認同和肯定，越努力可能換來的越是輕視和忽略，越努力換來的是越多的傷害。靠天靠地不如靠自己，靠取悅別人換得想要的，是毫無意義的幻想。任何外界和別人的力量，都不可能幫助到自己。唯有自給自足，自愛自救。豐富自己，讓自己變得有價值，比取悅他人要有力量得多。

• 要明白一點，為自己而活才是至關重要的

凡事多從「我」的角度出發去思考，而非把別人放在首位。也就是說，把外投的目光收回來，改為內視，多看自己的內心，多關心自己的喜怒哀樂、所需所求。每做一件事，都事先問問自己，我是在「做自己」還是在「取悅他人」？若發現自己是從「取悅他人」的角度來做事，那麼趕緊打住。這不是教我們自私，而是要學著為自己活。做最真實的自己，才是最有力量的。

• 唯有內心的力量，才能填補空虛

明智的做法是停止向外尋求，改為內在建設；與其費心討好別人，不如傾力打造一個強大的自己。當我們擁有了足夠的價值和實力，身上有了光芒，別人自然會被我們的所吸引，循著光靠近我們，由衷地賞識、認可我們。這時候我們聽到的讚美之詞，絕非靠「討好」換來的那般廉價，那般敷衍，而是我們的實力和價值征服了別人，是他們從內心給我們的關注和讚美。這種真實的肯定和認可，當然不會稍縱即逝，它是有力量的，足以填充我們內心的空洞。

當我們通過內在建設，讓自己的內心真正豐富和強大起來的時候，我們就不會小心翼翼、謹小慎微想盡辦法去討好別人，不會過於關注別人的臉色，敏感於別人的情緒變化，費盡心思去琢磨別人的想法等。

也就是說，當我們擁有了來自內心的強大的力量，這一力量能夠時刻給予自己支撐，我們由此再不會過於在意別人的評價和看法，不會過於渴求外界的滋養。內心越豐富和強大，向外界索求就會越少。

那麼如何豐富自我呢？努力工作，提升業績；發展興趣，濡養內心；充電學習，增長學識；讀書旅行，擴寬視野……沒有什麼高深的技巧和祕訣，也沒有速成的捷徑，聆聽自己的內心，根據心靈的需要，選擇一條適合自己的探求之路。

比常人多一些沉靜，多一些思考，多一些和自己相處的時間，多一些耐得住寂寞的修為，持之以恆、勤勉扎實地做好每一件事。厚積薄發，終有一天，我們會突然發現，自己有了意想不到的豐厚的收穫。以往刻意求之而不得的東西，都會在不經意間圍繞在我們的身邊。這就是豐富自我的力量，是歲月給我們的懂得愛自己的回報。

Part 7

戒除討好，關鍵要建立自我軸心

成全別人前，先討好自己。只要努力讓自己變好起來，那樣我們想要的才都會來，如果一味地去考慮怎麼討好別人，反而會適得其反。

想要影響別人，首先必須讓別人認可我們的個人信用，一言一行，內在外在，就是品行的魅力所在。如果我們連自己都做不到喜歡自己，憑什麼讓別人去喜歡我們？我們每個人都希望被這個世界認可，被別人讚揚，但不是討好別人，而是努力討好自己，讓自己變好起來。

縱是萬人迷，也做不到讓人人都喜歡

對於每一個「討好型人格」的人來說，努力討好別人，活成別人期望的樣子，都有一個潛伏在心裡的願望，那就是讓每個人都喜歡自己。可是，要知道，眾口難調，再完美的一道菜，也總會有人不喜歡吃。更何況世上無完人，沒有人能做到讓人人都喜歡。為了討每個人的喜歡，處處迎合別人，人云亦云、身不由己，不停追逐著別人對自己的認可，最終不僅把自己弄丟了，卻仍時不時要承受來自別人的苛責和不滿。

既然做不到讓人人都喜歡，何不做一回真實的自己？每天對自己說兩句話，有利於幫助自己放下渴求人人都喜歡的執念，踏踏實實做自己。

第一句話是：「有喜歡我的人，自然就有討厭我的人，要允許有人討厭我。」我們不是鈔票，能夠讓所有人喜歡。有人不喜歡自己，是再正常不過的事情。而我們不是為那些討厭我們的人活著的，他們討厭就讓他們討厭去吧。我們自己，不也做不到喜歡身邊每一個人嗎?我們沒必要在意他人的不喜歡,更沒必要為了讓他們喜歡自己而費心去改變自己,我們只需用心對待喜歡我們的人就夠了。

第二句話是:「你不喜歡我,那是你的事,我喜歡我自己,就可以了。」你若喜歡我,那我很高興。可你若不喜歡我,我也不難過。因為這並不代表我不好,只能說,你走入我的世界,是個錯誤。所以,你討厭我,那是你的事,與我無關。

喜劇大師卓別林在《當我學會愛自己》裡寫到:「當我真正開始愛自己,我才認識到,所有的痛苦和情感的折磨,都只是在提醒我:活著,不要違背自己的本心。今天我明白了,這叫作『真實』。」

生命的意義不在於有多少人喜歡我們,而在於真正喜歡我們的人,連我們的缺點、不足一併接納,在於我們自己有勇氣把真實的自我,呈現給喜歡我們的人和我們自己。

當我們能夠實踐這兩句話,就會發現,放棄渴求人人喜歡自己的執念之後,我們心裡是如此踏實和輕鬆。

接下來,就是學著如何活出真實的自我。我想說,把人生的重心、關注點放在自己身上,也就是說建立自我軸心,這對於討好者來說,是自我救贖的要方。

• 開始關注自己

討好者因為自卑，很難發現自己的長處和優點。最開始的時候，可以給自己下達命令，強制自己每天都表揚自己一句，誇自己一件事。比如，我今天很快完成今日的工作，我很能幹！我買了條自己喜歡的裙子，穿著很漂亮，我的眼光不錯！尤其是當自己做的某一件事，不是出於討好的心，更應該表揚自己。

比如，今天上班時候，你對組長說，我想把自己的值日時間調到早晨，而不是下班後。晚上回家針對這件事，一定要自己給自己斟上一杯酒，對自己說：「做得好！」大量的研究表明，**當我們把注意力放在發現自身的優點上，那麼平日裡讓我們不安和自卑的缺點和不足，就會無聲無息地一點點遁去。**

• 明確自己的一言一行發自內心

做事、說話前，先問問自己：「這是我想做的、是我想說的，還是別人想要我做、希望我說的？」確認是自己想做的，說的也是自己的真實感受的時候，再去做、去說。也就是說，本著從「我」的角度出發，以自我為軸心，而非以他人，以外界為軸心，以此重塑自我的心理邊界。

剛開始可能會有難度，尤其是要他們說出自己的真實感受，障礙很多。那麼可以先要求自己保持沉默，既然說不出自己的真實感受，那也不說別人希望自己說的話。直到能沒有顧慮地去做自己想做的事，說自己想說的話，便邁出了成功的一大步。

• 調轉方向，用討好別人的方式討好自己

想想平時自己是怎麼取悅別人的，調整方向，以同樣的方式來討好自己。大家一起吃飯，平時我們總是考慮別人的口味，順從別人的意見點餐，這回我們只考慮自己的口味，按照自己的喜歡來點；平時我們為別人忙前忙後，不辭辛苦，這回我們就好好照顧自己，讓自己開心。每天哪怕做一兩件只考慮自己不考慮他人的事，也算勝利。

我有位具有「討好型人格」的朋友跟我說，有一天她去超市買東西，看到茶壺不錯，想著這個買回家給老爸；看到髮飾，想著這個買回家給女兒。刮鬍刀是買給老公的，咖啡

是買給老媽的，甚至給姐姐、嫂子也都買了他們各自喜歡的東西。但到結帳的時候，她一樣一樣東西往外拿時，突然就想起了我跟她說過的話：「我為什麼要忽略自己？為什麼不給自己也買一樣東西呢？」於是，她轉過身立刻為自己挑了一件商品，雖然只是一雙襪子，但她很開心。畢竟這是她戰勝「把家人的需求放在首位」的慣常思維，開始考慮自己的轉捩點。

討好者們，就從這一點一滴的小事著手，建立起自我軸心，做一個真實的自己吧！不去在意有多少人喜歡，有多少人討厭。告訴自己：**我就是我，我是不一樣的煙火。**

清除心理障礙，你才會活得輕鬆

每個人都有追求，都有自己的小目標。若這些追求、這些小目標都是從滿足自我內心的需要出發，那是值得肯定的。可是，對於討好者來說，他絕大部分的追求和目標，只是為了給自己的頭上多畫出幾道光環，換來人們對他的讚賞。這樣的追求和目標越多，意味著對自己心靈設下的枷鎖越多。

有一個年輕人出身於一個偏遠的農村，全家人縮衣節食供他讀完大學後，他留在大城市裡。為了擺脫內心對卑微出身的自卑，為了改變人們對他「農村來的窮小子」的認識和評價，他拚命工作，並用一切手段追求名利。多年後，他實現了很多目標，擁有了巨額的財富，躋身上層社會，成為知名企業家，經常和政治人物一起吃飯交流……

可他內心並沒有得到片刻輕鬆，他依舊敏感於別人看他的目光，敏感於別人對他的議論和評價。就連偶爾妻子說一句毫無譏諷意味的話：「你鄉下的父母……」他都覺得刺耳，對妻子說：「你說我父母，就說我父母，為什麼非要加上一個『鄉下的』呢？」

因為內心把「我」看得太輕太卑微，所以更看重名利，看重虛榮的東西，希望這些東西能讓自己「裝門面」，讓自己在人前活得體面、有尊嚴，卻本末倒置了。

莊子說：「以瓦注者巧，以鉤注者憚，以黃金注者惛。」意思是，在賭博的過程中，如果用磚瓦等賤物作為賭注，因為賭注小，所以心裡輕鬆，因此能正常發揮，甚至超常發揮。以帶鉤為賭注的，賭注稍微貴重了，就會患得患失，心理壓力增大，也就難免縮手縮腳，很害怕輸掉。當以黃金為賭注的時候，因金價昂貴，得失心已到了最高處，這時候就會惶惶不安，慌亂無主，屢屢出現昏招，甚至導致崩潰。

我在這裡引用這句話，就是想說，當一個人把名利、榮譽等身外之物看得很重時，就會讓自己陷入「憚」、「惛」乃至崩潰的境地。因此，若想讓自己放輕鬆，就要看淡名利、榮譽等身外的東西。如此，才能幫自己的心卸下枷鎖，讓自己得以解脫，還原本真，活得真實而輕鬆。

曾經有一段時間，一本叫《斷捨離》的書充滿話題。書中用「斷用、捨用、離用」的理念教人們生活空間整理術。我想也可以借鑒這個理念來進行我們心理空間的整理，我們要對自己的心理空間進行「斷捨離」，去除雜蕪，清除障礙，還心以輕鬆和自由。

那麼如何對心進行「斷捨離」呢？最重要的一點，還是那句話：要確立自我軸心。就是說，面對名利、榮譽，要從自己的角度考慮做取捨，而非用別人的價值觀來衡量自己的選擇和決定。

好比我剛剛看到一則新聞，說一個女大學生放棄了保送研究所的機會，回到鄉下和自己的初戀結婚。她每天和自己的婆婆一起下田種莊稼，雖然羨慕那些出國留學或者在都市工作的同學們，但她從不後悔自己的選擇。

我沒有機會採訪這個女大學生，深入探訪她的內心。但有一點可以肯定，她在做出這個決定的時候，絕對遵從了自己的內心。因為如果用大眾的價值觀來衡量，她是決不會放棄保送研究所的機會。但她知道自己想要什麼，知道哪些東西對自己更有價值，所以她順從自己的想法，做自己的選擇。

再比如，丈夫出軌的女人第一時間的想法是：「太丟人了，這讓親朋好友知道，一定會笑話我的。」這說明，她始終是以他人的目光來看待、評價這件事，而非以自我為軸心，思考這件事帶給自己的傷害，或者自己該如何處置這件事。事實上，他人怎麼想並不重要，重要的是，我們是怎麼想的？若只考慮別人的想法，我們可能會選擇委屈自己，維持表面的和諧，只為了心中的虛榮，為了不被人笑話。但是，若我們疼惜自己，以自我為軸心，便可把他人怎麼想拋到一邊，自己怎麼想就怎麼做。所以，女人理性的做法是斷然離婚，自己一個人也會過得很好。

確定了自我軸心，就可以圍繞「自我」來整理自己的心靈空間，想想哪些價值觀是自己的，哪些是外界強加到自己心裡的，哪些是他人的，但我們卻不自覺常將他人的想法納入內心。想清楚後，就可以有目標、有步驟地一一清理，解放自我。也就是說，用減法來處理自己和名利、虛榮、誘惑的關係，對那些並不是出於本心而追求的名利、虛榮和誘惑說「不」。

當我們能夠以自我為軸心去確立目標和追求，去做自己想做的事，發表自己想說的言論，我們便成功清除了層層心理障礙，獲得心靈上的輕鬆自由。

你無法左右別人，但可以掌控自己

某天我在為女兒讀睡前故事，一則《粉色國王伯西》的童話故事引起了我的興趣：

很久以前，有一個叫伯西的國王，他太喜歡粉色了，喜歡到幾乎瘋狂的程度。他穿著粉色的衣服，戴著粉色的帽子，蓋著粉色的被子……他所擁有的所有東西，都是粉色的。就連每天吃進嘴裡的食物，也要是粉色的。

即便如此，他還是很煩惱，因為他可以讓自己的世界到處布滿粉色，但不能保證自己以外的世界也隨處是粉色。經過思考，他下令，全城百姓都要和他一樣，把自己所擁有的一切都換成粉色的。百姓們不敢違抗國王的命令，儘管心有不滿，但還是想盡辦法都換上粉色的衣服、使用粉色的家具、碗筷……

可是，伯西國王還是不高興，因為仍然有粉色以外的顏色存在，比如紅色的花、綠色的葉子、彩色的蝴蝶……他再次下令，把全城的花草樹木以及動物都染成粉色！於是，軍隊被大規模地調動起來，漫山遍野進行「染色行動」。終於，全城上下內外到處都是清一色的粉色，再也看不到別的顏色。

這回，國王該高興了吧？可當他抬頭看天空，又苦惱了：天空還是藍色的！這下可難倒了所有人，無論如何也不可能把藍天染成粉色的啊。國王為之憤怒，繼而為之絕望，他開始鬱鬱寡歡，不理朝政。終於有一天，國王的老師經過冥思苦想，想出了一個好辦法。他製作了一副鑲有粉色鏡片的眼鏡，讓國王戴上。國王透過粉色的鏡片看向天空，雲朵、天空全都是粉色的了！

國王非常高興，從此每天都戴著粉色眼鏡看世界。儘管百姓們都不再只穿粉色的衣服，用粉色的東西，小動物們和花花草草也都肆意展示著自己的本色，但在國王的眼裡，一切還都是粉色的。他開心幸福地活在自己粉色的世界裡。

對於討好者來說，希望人人都喜歡自己，希望整個世界接納自己，這心態就如喜歡粉色世界的國王伯西。可我們不是國王，不能掌控別人、操縱世界，何況就算是國王，也無力改變天空的顏色。所以，我們沒有能力左右別人，強迫別人喜歡我們，接納我們。而國王的老師雖然沒有辦法把天空染成粉色，他卻能讓國王把天空看成粉色的。由此，我想說，我們沒有辦法改變世界，但我們可以掌控我們自己看世界的方法。簡單點說，那就是，我們無法左右別人，但可以掌控自己。

有人把人類所有的煩惱歸結為三個方面：經濟問題、健康問題、人際關係問題。而人際關係包括熟人、同事、同學、朋友、戀人、配偶、親人……即所有有交往的人都包括在內。在這三個大方面中，人際關係問題帶來的煩惱占很大比重，對人的生活的影響不可小覷。而無論是怎樣的煩惱，都無非存在於兩個端點之間，一個端點是自己，另一端是經濟、健康或者人際交往。

那麼，所有的煩惱都有一大半與這一端的「我」有關。我們可以把這個「我」看作解決問題的突破口。若我們能夠站在自己這一端，也就是說以自我為軸心，去思考、決定和行動，那麼我們就可以減少一大半的煩惱。換句話說，當我們給自己的心情戴上一個類似「粉色眼鏡」的調節器，那麼世界就會大不同。

所以，當有人對我們提出無理要求的時候，儘管我們無法讓他停止對我們的傷害，但我們可以掌控自己做出反擊或者躲避傷害的選擇；當有人一再求助於我們，卻無視我們的價值時，我們無法左右他對我們的忽視，但我們可以拒絕他，不做他眼裡的「便利貼」。

當有人反駁、質疑、否定我們的時候，我們無法左右，要他收回這些負面的評價，但我們可以掌控自己，不去理會他，繼續做自己認為對的事情……

請記住，不管身邊的人怎麼說、怎麼想、怎麼做，那是他們的事。我們無法左右別人的意志和價值觀。但相對地我們怎麼看、怎麼想、怎麼做，那是我們自己的事。我們完全可以自己說了算。就好像下雨是老天的事，在雨天選擇哀傷還是選擇開心看雨景，那便是我們的事。

我們才是自己心靈的主宰，外界無時不在變幻流轉，唯有把「自我」放在軸心的位置，自己掌控自己的心情、掌控自己看世界的角度，才不會迷失於他人的目光之中。

建立自我軸心，堅守自己的思考，調節自己的情緒，尊重自己的感覺，自我欣賞，自我完善，我們眼中的世界便會「一片粉色」。

克服性格缺陷，別讓有心者抓住弱點

在一家畫廊裡，一個美國畫商對三幅畫相見恨晚，他眼睛裡閃著興奮的光，問畫的主人：「這三幅畫多少錢？」

主人說：「每幅畫二百五十美元。」

美國畫商有些不高興，因為這批畫大多價值在幾十美元左右，自己看中的這三幅畫卻要價這麼高，顯然是在敲竹槓，畫商希望對方可以再降價調整價格。不料對方一文不讓，還十分生氣地抓起三幅畫中的一幅，當場就點火燒掉了。

美國畫商眼見著自己喜愛的畫變成了灰，心裡惋惜不已，但還是問畫的主人，剩下的兩幅畫能不能降價賣給自己。可對方依然毫不讓步，正當美國畫商搖頭歎息，表示很失望，還想討價還價時，畫的主人又抓起一幅畫燒掉了。美國畫商大驚，這次他再也沉不住氣，用手按住最後一幅畫，對畫的主人說：「無論如何不能再燒掉這最後一幅畫了。我願意將它買下來！」就這樣美國畫商不敢有任何異議，迅速付款把畫買走了。

這位美國畫商就是在賣主面前暴露出過於喜愛那三幅畫的心理，被對方抓住了弱點，導致一再被對方利用這一弱點，被牽著鼻子走，最後乖乖就範。

可以說，「討好型人格」的人有很多性格缺陷，就如這美國畫商一樣，因為特徵鮮明而毫無遮攔地暴露在他人眼中。他們也難免如美國畫商那樣，時常被一些別有用心的人抓住弱點，被人利用和操控。

比如心軟。別人稍有懇求，討好者便立刻失去原則，儘管對方的要求再無理，也會答應，不遺餘力去為他做事，為人家排憂解難。有企圖者想要達到自己的目的就顯得非常簡單，只要對他多說懇求的話，就可以了。

我最近在看一部電視劇，其中有一個情節就是，一個已婚渣男和一女孩搞曖昧，結果女孩認真了，瘋狂地纏著他，要跟他結婚。讓渣男害怕了，惶惶無措，於是找了另一個臭味相投的朋友想辦法。對方幫他出主意說：「這事大劉可以幫你。讓他去安撫那個女孩子，讓女孩子對你死心。」渣男面露難色，撓頭說：「他能答應嗎？這麼狗屎的忙，他願意幫嗎？」那朋友一臉壞笑：「你還不瞭解他？到時你掉幾滴眼淚，把自己說得慘一點，就成了。」事實果如那人所說，渣男眼一紅，眼淚還沒掉下來，前一秒還堅決不答應的大劉，立馬就點頭說：「好吧，我試試。」心軟是他特徵鮮明的性格缺陷，有求於他的人自然會利用他這一點，來達到自己的目的。

再比如害怕衝突。因為害怕和別人發生矛盾紛爭，遇到有可能引發衝突的事情，總是早早躲避或者無論對錯與否都先道歉。別有用心的人會利用討好者這一性格缺陷，故意製造矛盾衝突，故意引發爭論，逼迫討好者讓步或道歉，以達到自己的目的。

還有人為了推卸本該自己擔負的責任，像是工作中因為自己的疏失所造成的紕漏、責任事故等，利用討好者害怕衝突的性格缺陷，利用討好者無論對錯都願往身上攬的特點，把責任推到討好者身上，讓對方替自己背黑鍋。

還比如過度希望得到別人的肯定。討好者表現出過度希望得到別人的肯定，似乎沒有別人的贊同和認可，就無法做事一樣。這心理一旦被別人利用，就很容易被人操縱。舉個例子，同事希望討好者替自己加班，便會先肯定他：你是個能幹的人，你的能力遠在我之上。你是個熱心的人，善良的人，你總是願意幫助我，讓我得以有精力去應對家裡的瑣事。這些話是討好者需要的，他往往在得到這些讚許之後毫不猶豫答應對方的要求。若他在猶豫，那麼對方只需再深入一步：你一定得幫我，不然我會認為我看錯你了，你不是個樂於助人的人！你看我這麼為難，卻不肯幫我，你是個心狠的人！討好者勢必受不了別人對自己的這種否定，馬上就會繳械投降，乖乖就範。

總之，太多過於外露的性格缺陷，是討好者把自己置於被人操縱局面的死穴。要擺脫這種局面，就要努力克服這些性格缺陷。不妨試著從以下幾個方面入手：

• 一定要以自我為軸心建立心理邊界

當別人拿著我們的弱點來脅迫我們就範時，不可一退再退。就如那個美國畫商，若能在心裡設定底線：不降到我能接受的價格，我就不買。那麼，即便畫的主人把畫都燒掉，他也不會輕易妥協。如此，畫主人的計謀就落空了，儘管沒有買到自己心愛的畫，但也成功改寫被人操縱的結局。下次再遇到這人，相信他絕不敢再用同樣的手段來對付自己了。

• 說話時候語氣堅定一些，態度強硬一些

哪怕心裡是畏懼的、猶疑的，外在也不要表露出來，相反，要讓自己看上去不好惹。就算虛張聲勢，這個勢也要造得足足的。這樣可以迷惑對方，讓對方猜不透我們的弱點，或者不敢貿然試探我們的弱點。

• 對方認為吃定了我們的時候，絕地反擊一次

比如面對衝突，豁出去和對方硬槓一次，讓對方明白，我們平時忍讓，只是不想跟他計較。若欺人太甚，我們也不是好惹的。想必經過這麼一次之後，對方再輕易製造事端時，也會在心裡先躊躇一番。

• 最根本的是提高自己的實力

一個實力很強的人，他人絕不敢輕視。實力強大的人，內心一定也充滿了篤定、自信，不會輕易暴露自己性格的弱點。一言不合時，就用實力說話。

做人要有主見，就算權威也不可迷信

「主見」，顧名思義，就是對事物要有自己明確的意見和見解。可見，有主見的前提，還是要「建立自我軸心」，要有「自我」，以「自我」為核心。沒有自我，不能以自我為軸心的討好者，是很難有主見的。

林潔在電視臺編輯策劃的位置做了十年，兢兢業業，勤勤懇懇，今年從上層傳來消息說，他有可能被升職為製作人。可就在這時，他又接到了專業培訓的入學通知書。這下他卻忽然拿不定主意，去，還是不去？去了，怕升職機會就沒了。不去，又覺得這是一次難得的機會。左右為難了好幾天，也沒理出個頭緒來，不得已他開始詢問朋友，請大家幫他分析一下，究竟該何去何從。可有人說去學習，有人說靜等升職，而且各自的理由都很充分。但每個人發表完自己的看法，都會加上一句：「我們也只是提點參考意見，這事最終還得你自己決定。」

林潔無奈回家問自己的爸爸媽媽，想不到，爸爸媽媽意見也不一致。爸爸說，應該去學習。媽媽說，學習機會有的是，升職可是不容易的。討論到最後，爸爸媽媽還為此爭執了起來。林潔更鬱悶了，面對爸媽的劍拔弩張，他現在困擾的不是去學習還是等升職的兩難選擇，而是聽爸爸還是聽媽媽的紛亂局面。在他心裡，聽爸爸的，意味著媽媽傷心；聽媽媽的，意味著爸爸不高興。如何做出一個既不傷著媽媽又讓爸爸高興的選擇呢？

林潔此刻的心理表現，正是典型的「討好型人格」。自己沒有主見，對於求學還是升職沒有一個明確的見解和想法。徵求別人的意見，又因為心裡沒有定見，反而輕易陷入「聽誰的」的困擾之中。

一直以來我們大多把「集思廣益」當作褒義詞來用，遇事多找人商量，多聽聽他人的意見，想問題可以更周全。可是，當一個人沒有主見，自己的事情自己都沒有明確的想法的時候，別人的意見聽得越多，他反而會越沒主意。

在這個世界上，每個人都是獨一無二的，每個人對事物的看法和意見都會有不同。尤其是對自己的生活所經歷的事，別人無從體察個中是非曲直，從不同的角度會有不同的看法和想法，這時候最重要的還是忠於自己。

就拿「小馬過河」的故事來說吧，有一隻小馬正準備過一條河，但牠不知道要過的那條河，河水有多深，於是去問了一隻老牛，老牛告訴小馬：「不深不深，才到我的小腿。」可小馬剛要過河，又出現一隻小松鼠對牠說：「小心啊，這河水非常深，前幾天我夥伴不小心掉進河裡就不見了。」從老牛與小松鼠的角度來看，牠們都沒有說謊，句句屬實。可是這其中卻沒有任何一方，是從小馬的角度來看待河水是深是淺，因此儘管牠們都給了最正確的回答，但對於小馬來說卻都無法採用。

但在聽了兩種截然不同的回答後，小馬卻手足無措了起來。若沒主見，做事情難免瞻前顧後，既要顧慮別人的想法，或本著討好別人的心，想著如何順應、迎合別人的意見，那可真是既浪費時間，累人又累心。更不堪的是，凡事要別人拿主意，按照別人的意思去做，那只能是走著別人指的路，按照別人的想法去生活。生命於我們只有一次，到頭來沒有按照自己的意願去活，豈不是白來這世上走一遭？

沒有人比我們更瞭解自己，人生終究只屬於我們自己。所以，做事一定要有主見，就算權威也不要迷信。因為權威和我們的生活毫不相干，任誰也沒有權利來規範我們的生活，指點我們做出選擇。

如何能做到有主見呢？這一直是個需要長期努力的目標。不過，只要去做，時常提醒自己，每天都有所改變，就一定可以越來越好。

首先，要明確確定內心那個「自我」的地位，告訴自己：我才是我自己的主人。我要對自己的事情說了算，要對自己的人生負責。說白了，就是以自我為軸心，不要讓他人的意見和想法左右自己，影響自己。

其次，對自己的生活要有長遠的和近期的規劃、目標。目標清晰的情況下，遇到事情需要做出抉擇的時候，就可以根據主次輕重、利弊得失等原則，總結出一套適合自己的取捨法則，從而有條不紊、有的放矢地管理自己的人生。

再次，要有意識地鍛鍊自己的獨立思考能力。不要一有事情就想著去問別人，先自己想一想該怎麼做。自己能解決的問題就自己去解決，自己能做出的決定一定要靠自己來決定，勇敢做自己的主人。

最後，還是老話，多學習多讀書，增長見識和閱歷，如此能夠提高自己遇事時候的決斷力，從而能夠幫助自己不斷完善自己，逐漸變得有主見。

曾國藩說：「利可共而不可獨，謀可寡而不可眾。」意思是，利益可以與人分享，而不可獨佔；謀略決策則不必讓過多人參與進來，一定要有自己的主見和立場。正所謂「成大功者不謀與眾」。我們可把這話當作激勵自己的座右銘，尤其是面對權威和領導，特別容易迷信和盲從時，便拿出這句話提醒自己。哪怕每一天只有一點點的進步，也是在朝著有主見的方向塑造自我。

高度自省，拒絕自我欺騙的迷失

這裡所說的「自省」，不是古人所說的「吾日三省吾身」，拿著儒家思想的價值觀，檢點自己行為的自我反省，也不是現代社會裡我們常常說的，針對自身的錯誤或不足進行的「自我檢討」。我要對討好者說的「自省」，是能夠站在一個客觀冷靜的角度，反觀自己在現實中的言行，反思自己言行背後的心態、理念，從而能夠時時發現問題的本質，以及解決的辦法和方向。

因為太多時候，討好者是迷醉於自我編織的假象，在自我欺騙中逃避現實，替自己的討好心理找出各種理由和藉口，以讓其合理化。

孫萌就是那種對別人請求有求必應的討好者，身邊的同事、朋友都願意找她幫忙，小到讓她去倒茶，大到讓她陪著去相親。事無大小，只要開口，她從不拒絕。有一次，她感冒發燒到三十九度多，躺在床上昏昏欲睡，可同學一個電話打過來，她就從床上爬起來，去幫開會走不開的同學到車站接人去了。我問她：「為什麼不告訴同學，你在生病，不能幫她了？」

「那樣，同學會不開心的。她如果不開心，我不知道該怎麼應對。」孫萌苦惱地說。再聊其他事情，孫萌大多會說：「我若不幫他們，他們對我有意見的話，我不知道怎麼處理跟他們的關係。」

我最終明白，孫萌用「我幫他們，他們就不會不高興」、「他們不會不高興，我就不用費心去化解他們的不高興」這樣的邏輯對自己進行自我欺騙，認為只要答應別人的請求，別人就會開心，就會對她好，她的人際氛圍就會融洽，她就不用費心去維繫。也就是說，她寧可把精力放在多幫別人做事上，也不肯面對和他人可能會出現的不和諧。

委屈自己努力去合群，以求得好人緣的討好者。他們給自己的理由是：只要我和大家一樣，他們就能接納我。只要我迎合他們，認同他們，他們就一樣會認同我。所以，他強顏歡笑和周圍的人打成一片，說著違心的話，做著自己不喜歡做的事。直到臉上的笑容都笑僵了，可內心一點也不快樂。

不少討好者對我說：「為什麼我看似有很多朋友，在圈子裡也很有人緣，可我怎麼依舊不開心呢？」我總是回答他們，因為你一直在自我欺騙，在戴著面具生活，問題的根源一直都在，你當然不會快樂。

討好者習慣了偽裝、隱藏和壓抑真實的自我，在自我編織的夢幻中一點點把自己活丟了。這讓我想起一部日本短片《態度娃娃》。片中女主角艾利從小被教育要做一個聽話懂事的好孩子，同學打碎了她的魚缸，導致金魚缺水而死，她的心裡在流淚，但嘴角依舊掛著微笑說：「沒關係，我再買一條就好。」

平時，她對所有的傷害、誤解、委屈也一概微笑著回應：「沒事。」、「我不在意的。」、「沒關係。」直到某一天，她的臉因為她長時間保持微笑的固定表情，而變成了一副僵硬的，保持固定微笑的面具。除了角度固定的微笑這一種表情，面具臉不會再有別的表情。那微笑看上去天真可愛，討人喜歡，可是面具的後面是空洞洞的，真實的艾利已經不存在了，她把真正的自己弄丟了。

要找回自我，不在自我欺騙中迷失，就要學會高度自省。站在一個冷靜客觀的角度，或者以一個旁觀者的角度，來審視自己的心態。把存在於內心的不合理的認知，自我欺騙的種種藉口和理由統統清理出來，然後勇敢地擊碎它！就像敲碎套在頭腦中的桎梏一樣，好比艾利用話筒敲碎自己的面具一樣，毀掉外在偽裝的一切。

然後，以真實的自我示人。該笑的時候肆意地笑，該哭的時候暢快地哭，該發火時候就試著怒髮衝冠；某個人讓我們討厭，就儘管拉下臉表達我們的不喜歡。這邊有人侵犯我們，想罵人，那就痛快地罵出來；不想幫別人忙，就對他說我們很忙。不想去應酬，就直接推掉回家……總之，對於討好者來說，學會憤怒，學會罵人，比微笑重要；學會拒絕，學會否定，比求得別人認同更有意義。因為，做一個有真性情的人，而不是只會微笑的態度娃娃，不是只會討好的老好人，是對自己生命的負責，是對真實自我的善待。

從今天開始，每天自省，每天告訴自己：真實地活著，**停止假意附和，假面微笑。**

即便有人因為我們的改變而不喜歡我們，也要有被討厭的勇氣。比起別人如何看我們，我們更應該關心的是，自己是否活得真實而自在。

把時間花在「別人」身上多可悲

這裡的「別人」，應該加一個注解，那就是：不重視我們，認為我們的付出理所當然的人。真正重視、愛我們、在意我們的人，我們又怎麼會捨不得為他們花時間呢？「陪伴是最長情的告白。」這句時下流行的話，說的正是那些值得我們花時間陪伴的人。

可是討好者很多時候把時間都花在那些不值得為他們付出時間的人身上。陳睿在公司是出了名的勤快又熱心的年輕人，只要有人求他協助，即便他手裡的工作也急迫，他也會立刻放下手中的事情，趕去幫助別人。因為他看不得別人臉上的焦急和懇求他的表情，他覺得別人這麼急切地需要協助，他自己的事情好像就可以先放一放再說。

樂於助人的名聲在外，找他幫忙的人越來越多，讓他幫著做的事情也越來越雜。雜到什麼程度呢？陳睿說，就連同事孩子做的PPT，同事都帶到公司交給他修改。可以想見，還有什麼他不能幫的。於是他每天都很忙，常常要加班到很晚才能做完自己的工作。

陳睿這麼幫別人，把時間都花在別人的身上，一定人緣很好，深得人心吧？事實上卻並非如此。公司年末考核互評的時候，他的分數幾乎墊底，大家的理由是：工作效率低。至於為什麼工作效率低，卻沒有人肯替他說句話。結果，到公司工作都六年了，同期入職的同事都紛紛升職了，只他還在原地不動。陳睿內心很傷感，明明自己為大家付出那麼多，為什麼大家還這麼對他？

為什麼付出得不到應有的重視和尊重，這個問題我們在前面已經反覆闡述得很透徹了，在這裡不再贅述。我只想說，既然如此，為何還要把時間浪費在別人的身上呢？

第一，內心的「自我」太弱小，沒有勇氣拒絕別人對自己時間的侵佔，沒有力量戰勝討好心理，停止對別人付出。

第二，「自我軸心」沒有建立起來，不懂得「我的時間」是我的寶貴資源，不可隨意浪費到別人的身上。

第三，沒有全域觀，分不清事情的輕重緩急和主次先後，對時間的掌控力，或者說對自己的管理能力太差。

孔子說：「鄉愿，德之賊也。」那些竊取自己時間和精力的人，是道德上的賊。身邊有這樣的賊，一定要看緊自己的時間和精力，不可輕易就被對方耗費掉。人生何其短暫，把這寶貴的時間浪費在不值得的人上，是一種犯罪。當我們意識到自己的時間在被無情竊取的時候，當務之急不是焦慮、不是失望，而是立即關閉時間的大門，再上一把鎖。

這樣做，首先要有敢於讓別人失望的勇氣。討好者缺乏的就是這種勇氣，所以常常別人一張嘴，就輕易答應幫別人做事了。

在動搖的時候，不妨多在心裡想想，這些人在得到自己的幫助之後，是如何忽視自己的。想想自己如蠟燭般耗費自己的生命去幫助他們，但最終可能他們還是不滿意。在他們眼裡，我們的付出越來越廉價，他們對我們時間的索取越來越理直氣壯。比如那個求陳睿替他值班的同事，下了班和女朋友去逛街看電影。他在消耗著陳睿的時間，卻一點沒有愧疚感。多想想這些，就能堅定拒絕別人的決心。他們失望那是他們的事，不是我們需要關心的事。用他們的失望換來屬於我們的寶貴時間，這是多麼划算。

其次，提高自己掌控時間的能力，做自己時間的主人，能夠做到自己的時間自己說了算。每天早上起床，可大致對自己這一天的時間進行一下規劃，對要做的事情分出等級，像是重要級、一般級、無關緊要級。重要級別的事情先做，而且在做重要級別的事情的時候，其他瑣事都要乾脆俐落地加以拒絕，不要打擾到我們。那些別人求幫忙的事，除非人命關天，否則都可以放在「無關緊要級」。如此，我們才能既確保自己的時間不浪費在別人身上，又能提高自己的時間利用率，提高自己的工作效率。

這並不是教我們自私，只顧自己，不管別人。對於深陷討好心理的討好者來說，這是一種心理救贖，是教我們珍惜自己的時間，珍惜自己的生命。想一下，當我們每天的時間都被無關緊要的人和事瓜分時，當我們迎合別人的時間越來越多，做自己事情的時間越來越少時，我們的生命正一點點在無謂的消耗中離我們遠去，這是不是件很可怕的事？

只有把寶貴的時間用在自己的身上，去處理自己最迫切的事情，去做對於自己來說有意義的事，才是對自己生命的尊重，才不會每天一邊忙得焦頭爛額，一邊困惑「時間都去哪了」。

所以，當我們正為了幫不幫別人而感到焦慮的時候，為了拒絕了別人而坐立不安的時候，為了沒有迎合別人的選擇而愧疚的時候，不妨多想想自己：我的工作做完了嗎？我之前就想看的書是不是可以拿出來看了？我有多久沒有陪父母散散步、說說話了？我的健身計畫是不是該啟動了？

如何分配我們的時間，取決於我們自己，我們才是我們時間的主人。不要把自己的時間，花在那些不值得的人和無關緊要的人身上。請記得，能夠掌控自己時間的人，才能掌控自己的人生。

掌控人生：拒絕成為別人的影子

說了太多討好型人格的例子，這一小節裡我說一個非討好型人格的人的故事。

她叫金玲，是我以前的同事。我們兩個共事的時候，她未婚。她媽媽時不時打電話給她，催她去相親，她每次都是乾脆俐落地回絕。有一次，她媽媽在電話裡發火，稱對方已經在咖啡廳等她，叫她馬上去。金玲卻不緊不慢地說：「既然你沒問我，就安排了人家去等，那你去好了。」

我開玩笑說：「你不是個聽話的孩子。」

金玲笑說：「你說對了，我從小不聽話。我爸媽說，雖然我很容易看出他們期望我做什麼，但我偏偏不會因為他們期望什麼，就非得特意去做什麼。所以，我常常讓他們失望。就拿這相親來說吧，我知道媽媽特別希望我配合她多見幾個人，廣撒網，多打魚，然後從中給她精挑一個金龜婿。可我不喜歡這種方式，所以我不會聽她的安排，傻傻去相親。」

「你媽媽也是為你好。」我提醒她。

「我知道媽媽是為我好。包括姐妹兄弟、朋友同事，周圍很多人很多時候會對我說，我做某某事是為你好。我完全不懷疑這一點。畢竟他們不是我的敵人，沒有人會故意想著害我，要我不好。可是，為了我好，我就要聽他的，我豈不是活成了他們的影子？」

後來金玲用自己的方式交了自己喜歡的男朋友，又和自己認定的人結婚生子。孩子小的時候總生病，經常跑醫院，金玲是工作、孩子兩頭挑，忙得團團轉。家裡人都勸她，這樣太辛苦了，不如先把工作擱一擱，專心照顧孩子。等過上兩三年，孩子上了幼稚園，再出來上班，什麼都不耽誤。

可金玲執拗地選擇了堅持。那兩年，她瘦了好幾公斤，但工作升職了，孩子也逐漸健康茁壯，不再總跑醫院了。身邊人都為她鬆一口氣，覺得她總算熬過去了，但金玲自己說：「我不認為我是在熬，我每天都忙得很充實，很有動力。因為工作是我熱愛的，孩子是我熱愛的，我為哪個忙，都覺得幹勁十足。」

正當金玲升任部門主任，工作量不那麼大了，前途看起來也如花似錦，孩子也上了幼稚園，自己沒有羈絆可以在職場大施拳腳的時候，她卻赫然宣布要辭職。這一決定一宣布，全家人譁然：「你是怎麼想的？最難的時候叫你辭職，你不，你非要撐著。現在熬過去了，你可以專心工作了，你反倒要辭職！你是不是故意氣我們？你老這麼跟大家對著來，顯得你有個性嗎？」

金玲說：「不是我跟大家對著來，我只是根據自己的真實需求，對自己的生活做著適時的調整，只不過，我的調整和你們對我的期望不一致而已。」

金玲對我說，辭職、不辭職，什麼時候辭職，都是她遵從自己的內心做出的選擇，都有她自己的理由。家裡人不理解她，她也不強求他們的理解。她只需知道，自己所做的事情是發自自己的內心，即便將來後悔，也是她自己的選擇和決定，她會自己承擔，而不埋怨任何人。

「我的人生我做主，對也好、錯也罷，只有我來負責，不需要別人來承擔與指導。父母不行，老公也不行。他們只能參與和他們有關的部分。」

可以說，金玲的心裡有非常清晰的自我和心理邊界。她懂得自我的軸心在哪裡，然後圍繞這個軸心去決定和選擇。她把自己的人生牢牢掌控在自己的手裡。

討好者很難做到這樣，他們在不知不覺的跟隨中活成了別人的影子。沒有主見地一味聽從別人的意見，不加分辨地接納別人的看法，沒有原則地跟著大家的腳步走，就像一個永遠沒有長大的孩子。

其實，小孩子生來也是以自我為軸心的，他們餓了就哭著要吃，睏了就睡，想尿就尿想拉就拉，一切都從自我的需求出發，沒有顧慮、沒有負擔。但漸漸長大，被成年人被社會不斷教育：要克制，要聽話，要為他人著想，要多聽長輩、領導的意見……終被訓練得學會了掩飾真實自我的需要，學會了把別人的需求放在首位，內心的那個「自我」也漸漸隱退，把別人和外界的需求無限放大成為自己的軸心。

直到即便是他們自己的事情，也要問別人：「你說，我怎麼做才好？」、「你覺得我應該怎麼選擇？」、「你看我是不是應該這樣？」我看到過太多的年輕孩子，在填寫高考志願的時候，當別人問及他的想法時，總是回答：「我也不知道。」為自己的人生做決定的時候，他自己都不知道該怎麼做，又如何掌控人生？

人生就如開車，方向盤是掌控在自己手裡的，剎車和油門也是踩在自己的腳下的。在哪裡拐彎，在哪裡減速，都由自己說了算。對於討好者來說，務實的態度是提高自己的「駕駛技術」，也就是提高掌控自己人生方向的能力。這一點，說易做難。但我們只要已經意識到自己的問題所在，並有了要改變現狀的想法，便成功了一半。

老話不是說，好的開始是成功的一半嗎？一半已經成功，何愁剩下的一半？扎扎實實做好自己的每一件事，過好「自己的」每一天。對，一定是「自己的」，不是作為別人的影子。我們的人生，只能我們自己擁有。餘生珍貴，好好做自己。

你若盛開，清風自來

所有討好的根源在於內心的空虛與匱乏，我們無法自給自足，不得不從外界尋求支持來填補。只有成為一個內心真正強大的人，竭力完善自我意識，懂得取悅自己，學會通過用從內在湧出的力量來滋潤和支持自己，我們就不會在外部世界中迷失，也才能真正地改變討好型人格。

老好人的特質常常出現在一些比較平庸的人身上，大多沒有什麼特別出色的地方。再平凡的人，也要學會發現自己的光芒，培養自己的特長，打造自己不可替代的核心競爭力，這樣才會讓自己的價值倍增。

改變第一步，要有站起來的強烈企圖心

美國著名心理治療師薩提爾（Virginia Satir，1916-1988）總結出，人在壓力狀態下的非理性溝通模式可分為四種：討好型、指責型、超理智型、打岔型。其中，討好型占人群的五〇%。這一溝通模式的標誌性語言是：「都是我的錯」、「你喜歡怎樣就怎樣」、「沒關係」、「沒事沒事」……而薩提亞為其設置的代表性姿勢就是一個人單膝跪地，身體前傾，向上伸出一隻手，彷彿在向人乞求，另一隻手則緊緊捂住胸口，一副柔弱、懇請的樣子。

這個跪著的人，正是討好者內心那個「我」。他們把自己放在一個弱者的位置，一個低於他人的角度，壓抑內心真實的感受和需求，向他人跪求討好。可事實往往是，他們把自己低到塵埃裡，也得不到別人的尊重和認可。因為沒有人會尊重一個跪在地上的人，一個朝上乞求的人。

• 首先要有讓自己站起來的意識

軍事上有句話叫：兵馬未動，糧草先行。對於討好者而言，我想說的是，實戰未開，意識先行。沒有求改變的意識，神仙也救不了自己。有了意識，才有談如何開始的資本。而接下來改變的力度、效果如何，也取決於意識的強烈與否。若有強烈的站起來的企圖心，那世上便無難事。

要讓跪著的自己站起來，首先自己要尊重自己。要尊重自己的尊嚴、權利，也要尊重自己的需求、渴望和意願，而非一味壓制和無視。試想，若連自己都不尊重自己，我們又何求讓他人尊重自己呢？

要告訴自己，別人有的需求、渴望和意願，我們也值得有。我們費盡心思討好別人，滿足別人的這些需求、渴望和意願的時候，要想到，自己同樣也要得到滿足。我們不比別人差，我們更需要自己的討好，自我的照顧與珍惜。當我們給了自己必要的尊重，在精神上我們就已經站起來了。

• 探尋自己形成討好心理的根源

對照本書前面的章節，回顧自己的成長歷程和成長環境，分析一下自己屬於怎樣類型的討好型人格。但無論是哪一種類型，有一點需記住，無論我們小時候生活在怎樣的一個環境，接受怎樣的家庭教育，無論父母是討好型或者強制型，我們都不再是那個柔弱的，只能靠討好才能獲得安全感和愛的小孩子。

意識到這一點很重要，雖然一時還不能立竿見影地讓我們馬上克服討好心理，但可以在有討好傾向的時候，適時提醒自己：我已是成年人，沒有什麼事情值得我畏懼、小心翼翼。我不必用討好去處理人際關係，我已經長大了，有能力照顧自己。

• 強迫自己放棄頭腦中根深蒂固的錯誤觀念

比如，我必須為別人做事，別人才會喜歡我；我只有順從別人，別人才能接納我；我不和別人發生衝突，他們才會對我友好……替代為常規理念，那就是：別人喜不喜歡我，接不接納我，跟我是否為他們做事，是否順從他們沒有任何關係。別人喜歡不喜歡我，是別人的事，我只要自己喜歡自己、自己接納自己就可以了。

每天從以上三個方面入手，強化自己的覺醒意識，間或可以在心裡閃現一下那個單膝跪地的乞求者，想像一下，自己在別人眼中就是這樣一副可憐柔弱的樣子，可這副樣子不能引起人們的尊重和重視，只會讓人更加輕視，甚至是鄙視自己。以此來警醒自己，強化站起來的決心。

當然，意識的覺醒常常伴隨著痛苦和煎熬，尤其是當我們覺醒之後，有了要站起來的強烈企圖心，再面對自己的討好心理，可能會倍感焦慮和痛苦。生活中每當自己受習慣思維控制，不可遏制地又做了一次老好人，我們會在心裡嚴厲斥責自己：怎麼又這樣！為什麼就不能說「不」？為什麼要討好取悅？

我想提醒你的是，千萬別這樣對待自己。要知道，改變的意識不是靈丹妙藥，一顆長久禁錮在討好模式下的心，需要一個漫長的過程來修復。所以，讓我們慢慢來。**要客觀對待剛剛站在蛻變起跑線上的自己，善待那個習慣了討好的自我。**要給自己耐心、信心，給自己時間，更要允許自己有反覆、有猶疑不前。因為反覆、退縮都再正常不過，要接受，而非苛責，陷入更大的痛苦之中。

和我們要改變自己的強烈意願相比，這些痛苦和煎熬算不上什麼。要相信，只要我們時刻保持那份強烈改變的企圖心，這些反覆、猶疑都會隨著時間的流逝而越來越淡，直到完全消失。

重要的是，我們已經醒來，不想再自我欺騙、自我折磨，這足以讓我們欣慰。只要我們有了要改變的意識，從這一刻起，我們就已經開始在改變。

無論邁出一大步還是一小步，甚至原地踏步，我們都能感受到從內心裡生出的，改變的力量。然後，請相信自己，這份力量會在此後的努力中，越來越強大。

找回為自己負責的膽量和勇氣

因為討好者的內心那個「自我」大多是柔弱無力的，甚至是缺失的，所以他們甘於把自己放在弱者的地位，哪怕是跪著，仰視別人。正因為軟弱無力，他們沒有勇氣為自己的人生承擔責任，也不敢冒險，所以在潛意識中逃避著本該自己擔負起來的責任，只想依賴他人。於是，他們在無形中把自己的人生交給了別人。

討好者在生活中常常是沒有主意的，自己的事情也需要別人來幫他做決定。你要問他：「你是怎麼想的？」他回答你的基本上是：「我也不知道。」前些日子在網上看到一句調侃沒有主見的人的話，別人問他：「你吃飽了嗎？」他反問人家：「你覺得我吃飽了沒？」看到這句話時我的心抽搐了一下，這是多麼沒有自我的一個人啊，自己吃沒吃飽，都要別人來裁定。你不相信自己的感覺？還是做不了自己的胃的主呢？

我的小侄子今年十二歲了，他似乎有選擇困難症，帶他去買鞋，在櫃檯前能磨蹭一上午，選不出一雙鞋。我說：「你喜歡哪雙就拿哪雙。」

他說：「我也不知道我喜歡哪雙。」無奈之下，我說：「我來幫你選吧。」他如釋重負地說：「交給你了。」

裝好鞋子回家的路上，我跟他說：「一雙鞋代表不了什麼。但是如果在你今後的人生路上，牽涉你人生方向的一些重大選擇，千萬不要交給別人來代你做出決定。」

小侄子一臉愁苦地問我：「那要是我真不知道該怎麼選擇，我該怎麼辦？」

我看著他的眼睛，對他說：「那就從現在開始，學著自己選鞋子。只要是自己的事情，就自己做決定，別把選擇權交給別人。」

把自己的事情交給別人來決定，自己的確是輕鬆了，不必累心累腦。可是，有誰能一輩子為你的人生負責？你又甘心一輩子聽從外人的安排，來規劃自己的人生嗎？自己的人生，當然要自己負責，沒有人能做你人生的主人。所以，一定要有勇氣和膽量擔負起自己的人生使命。

找回勇氣和膽量的第一步，要查清總想讓別人為自己負責這一心態產生的根源，追根溯源，找到我們頭腦中「要別人決定」的慣性思維和模式形成的特定因素。然後試著遠離這些因素，打碎那些禁錮在心裡的舊有思維模式。

好比我們因為強勢的父母從小為我們安排好了一切，不允許我們有自己的想法和選擇，才逐漸形成什麼事情都由別人為我們做決定的思維，那麼，從現在開始，努力擺脫父母的言行對我們的影響。每當心裡有聽從別人的安排的想法的時候，就提醒自己：雖然他們是我的父母，但我不需要讓他來替我做主。還要經常告訴自己：我已經是成年人了，不要事事都聽從父母的。父母老了，他們很多時候的想法是不正確的，今後還要靠我幫他們出主意、做決定，我必須迅速成長起來。

很多時候，我們的思考模式都是沿襲習慣，也就是說在一次次反覆強化中固定下來的。那麼，從現在開始，我們從正確的方向再一次次加以強化它，讓正確的思維模式通過習得佔據我們的頭腦和內心。

第二，對身邊的人逐一排查，列出那些總幫我們拿主意，我們總忍不住要聽從的人的名單，把他們「拉黑」。在自己拿不定主意的時候，儘量把他們從我們的視野中遮罩出去，沒了求助的選項，我們才會靜下心來，逼迫自己為自己的事情做一回主。也可以跟幾個親密的人打招呼，請他們和自己配合。若我們忍不住找他們拿主意，讓他們「袖手旁觀」、「三緘其口」；若看到我們忍不住向別人求助，要請他們阻止我們。總之，用「拒絕」把我們逼強大。

第三，遇事多關注自己的內心，多問自己真正想要什麼。而不是問別人：「你覺得我想要什麼？」從小事開始，鍛鍊自己的自主意識和能力。我前面提到過一個小練習方法，那就是點餐的時候，別考慮別人喜歡吃什麼，也別徵求別人的意見點什麼，就霸氣和任性一回，無視別人，為自己點一道自己想吃的菜。

同理，生活中很多類似小事都可以拿來做練習。我訓練我侄子是從買鞋開始的，後來我們一起吃霜淇淋、看電影，我都把吃什麼口味的霜淇淋、看什麼內容的電影的選擇權交給他，無論他多麼沒主意，我都靜靜地站在旁邊，耐心等。直到他最後做出選擇。如此循序漸進，從小需求到大需求，從小選擇到大決定，一點點找回為自己負責的勇氣和膽量。

逃避責任的背後，藏著我們的無力和軟弱，一定要正視它，並向它發起挑戰。別拿自己軟弱無力當藉口，當我們一點點突破畏懼，我們就會發現，我們的膽量和勇氣，也在一點點增強。

從現在就開始吧，面對巧克力味和草莓味的霜淇淋，平時的你也許會對朋友說：「你們想吃哪一種，我就吃哪一種。」這次，我們要怎麼說，心裡有答案了嗎？

討好別人，不如提升自尊

討好者大多處於低自尊，內心沒有獨立完整自尊的狀態。所以他們跪地伸手，給他人充分的尊重，卻放低自己的尊嚴，壓抑自己的真實感受，隱藏自我。但他們內心無論感覺多壓抑和痛苦，臉上對別人從來都是和顏悅色，他們用討好乞求換來別人對自己的尊重，但往往得到的只是被忽視、漠視，甚至是鄙視。所以，討好者的心裡常常積鬱了沉重的委屈、悲傷和惱怒。若長期得不到尊重和認可，內心這些負面情緒便越積越深，乃至導致很多心理問題，同時更大大降低討好者內心本就不高的自尊。

心理學中的「自尊」是指：一個人內心對自己的真正態度。那麼自尊度就是用來衡量內心對自己的重視程度。我們說一個人有很強的「自尊度」，就是說他內心始終覺得自己是有價值的，甚至可以說，他覺得自己不比這世界上任何一個人差。

相反地，自尊度低的人，則時時覺得自己不如別人，對自己的價值充滿了否定。討好型人格的人便是如此。駐紮在他們心裡的理念就是：「別人都比我好，比我有價值。」、「別人都值得我去仰視，去討好。」在這樣的內心語言支配下，他們甘願跪地，犧牲自己去討好別人、遷就別人。

在受到自尊傷害的時候，他們因為自尊度低而選擇容忍。於是，等待他們的便是更大更多的傷害。所以楊絳說：「沒有人能夠傷害你，除非你允許。」

既然跪地討好只能給別人傷害自己的機會，卻換不來尊重，那就毫不遲疑把碎成一地的自尊撿起來，站起來，自己給自己尊重。朋友小雅很是激憤地告訴我，她和大學同寢室的三個女孩子關係一直不錯，畢業後機緣巧合還都留在同一個城市，所以幾個人經常週末聚聚。小雅是那種性格溫和，不具攻擊性的女孩子，平時別人說她如何如何，只要不是太過分，她都選擇容忍。

小雅和這三個女孩子在一起也是如此，她們嘰嘰喳喳，經常拿取笑她為樂，有時候還故意搞點惡作劇，看著她出醜，她們得意至極。面對這些，小雅只是解嘲地跟著一起笑笑，心裡儘管也有委屈，但一想到是多年的朋友，因為珍惜這份情誼，她選擇不計較。

一次，小雅帶了剛交往不久的男朋友去赴三個女孩子的約會。她們一點沒有因為小雅的男朋友在，就收斂對小雅的取笑。「小雅，你沒跟他說，你晚上睡覺磨牙嗎？」、「小雅，小心嘴巴上掛著的韭菜葉掉下來，哈！」三個人很大聲地隔著桌子對小雅發出不懷好意的怪笑。小雅的臉色一陣紅一陣白，她想制止她們，但柔弱的性格使她張不開嘴。

三個女孩們繼續著惡作劇，終於，當她們悄悄把一大塊辣蘿蔔埋進小雅的碗裡，並軟硬兼施看著她吃下去，然後看著她狼狽不堪地眼淚、鼻涕橫流時，小雅的男朋友憤然地站起來，對她們扔下一句：「我真懷疑，你們是她的朋友嗎？」然後，拉起小雅的手，頭也不回地離席而去。

隨後，男朋友提出分手，他說他實在看不下去她在朋友面前毫無自尊的樣子。「連朋友都不尊重你，你是有多失敗？」男友怒其不爭的表情和決然離去的背影，讓小雅閉門靜思了好幾天。失戀的痛苦似乎喚醒了她壓抑已久的自我，再次被室友們戲弄時，她終於爆發了：「我希望你們尊重我！如果再繼續這樣，你們便不再是我的朋友，永遠不是！」三個女孩子愣了，她們早習慣了小雅的好脾氣，所以玩笑越開越恣意，甚至忽視了小雅的自尊。當小雅不再容忍，堅定表明態度的時候，她們才愕然意識到，她們忽略小雅的內心感受。於是，她們忙不迭地給小雅道歉，表示今後再也不欺負她了。

小雅的經歷告訴我們，只有你自己尊重自己，並勇於維護自己的自尊，才能贏得別人的尊重。**守住心理邊界，對越界的不尊重，堅決說不，反而能贏得和諧的人際關係。**

當我們期盼得到外界的認可、別人的尊重時，請先好好檢省一下自己：我是否在通過討好別人來得到這些？我是否忽視了自己的內心，降低了自尊？如果是，那立即打住，先從尊重自己開始，先考慮自己的內心感受，先肯定自己的價值，先好好愛自己。在感覺被侵犯時，要勇於表達自己的不滿，要予以堅定的回擊，以此捍衛自己的尊嚴。

當我們如此做的時候，我們會發現，那些原本被我們討好的人，並沒有因為我們的強硬回擊而遠離我們。相反，他們會突然發現站立起來的我們，和他們站在同一個平面上，他們用平視的目光注視著我們，原來，我們和他們是一樣的，是有價值的人。

事實就是這樣，每個人都是有價值的人，都是獨一無二的存在。我們在仰視別人的時候，其實也有人在悄悄仰視我們。所以，別只顧欣賞別人，忘了欣賞自己。我們也是一道美麗的風景。從今天起，自尊、自信、自強、自愛，做最好的自己。

收起玻璃心，改掉你的弱者思維

討好者都有一顆玻璃心，脆弱而敏感，缺少安全感和自我認同感。有人說，如果我們可以剝開討好者的內心，就會發現他們心裡都住著一個過度敏感和脆弱的小孩子。他們小心翼翼看著別人的臉色，生怕別人不高興，不喜歡自己；為了討好別人，他們不惜犧牲自己、委屈自己去遷就別人，去為別人做事；他們沒有勇氣反駁別人，發出不同於別人的聲音，逃避矛盾衝突，以退讓來換得和諧相處……

總之，他們總是不自覺地把自己放在弱者的位置上，一切以忍讓、妥協為處事原則。甚至很多時候，他們覺得以弱者自居，讓自己很有安全感。因為這讓他們看起來與世無爭，對人無害，自然就不會招致衝突，招人記恨。

但與此同時，他們的內心是充滿焦慮和不安的。因為他們太害怕別人否定自己、不接納自己，太在意別人的意見和評價，太需要外界對自己的肯定和認同。一顆玻璃心脆弱到別人的一個眼神、一個表情，就足以把他的心揉碎，從精神上殺死他。蔣方舟就表達過她無法接受別人不喜歡自己，這是多麼脆弱的內心世界。

當然需要糾正一點的是，「玻璃心」、「弱者思維」這些特質只是存在於討好者的內心。很多討好者自身很優秀，有很好的外在條件，或者說具備做強者的一切素質，可是內心敏感、脆弱、自卑、從眾，害怕得罪人、害怕衝突、害怕被拋棄、害怕失去……

即便他很多方面符合外界對優秀者的界定，甚至很多人還時常被仰慕和崇拜的光環環繞著，但他的內心認定自己是弱者，待人處事總是固守著弱者的思維。就以蔣方舟為例，七歲寫作，九歲出書，二十二歲當上副主編，可謂出類拔萃，是普通大眾眼中的佼佼者、是可以接受別人仰視的成功人士。可她的心裡住著的那個過度敏感而脆弱的小孩，並沒有因為她的優秀而隱遁或者消失。相反地，我們從她的講述中可以看到，她深受此害。就連面對男朋友長達兩個小時的斥責，內心排斥到看到來電顯示是他，都渾身發抖，也說不出一句表達自己憤怒心情的話。

故而，「柔弱」都是自己想出來的，自己給自己界定的，如果自己覺得自己很脆弱，那麼在他人眼裡就真的不堪一擊。要收起玻璃心，就需要我們自己調整心態，拋棄心裡住著的那個敏感脆弱的小孩，改掉弱者思維，做一個內心有力量的人。那該如何改變呢？

第一，最重要的是，要告訴自己：我不是脆弱的孩子，我不是弱者。是我們自己把自己釘在弱者的位置上，所以也只有我們自己把自己從弱者的位置上解救下來。每天在內心強化這個信念，就如催眠一般，把「我不是弱者」植入內心。

第二，有意識地反思平時佔據自己頭腦的一些思維、理念。若察覺是弱者思維，馬上試著轉換它，嘗試著用它的反面來運行。比如，當有人發表意見，我們內心有不同的想法，但不敢表達，過去的你可能會這麼想：算了，我若說了，他不高興了怎麼辦？還是別說了。這是典型的弱者思維。

而現在我們可以在心裡嘗試從完全不同的角度來想：內心強大的人一定可以脫口而出：「不，我不同意你們的觀點。」儘管我們可能無法馬上就這樣做，但可在心裡不動聲色地演練。

再者，當我們遇到難題，自己左右為難拿不定主意的時候，按平常的思維，一定是想：多聽聽朋友們的意見，讓他們幫我做主吧。這時候請立刻提醒自己，換個想法又如何呢？我就是要自己獨立解決這件事。強者或許能想出一百種解決辦法，我暫且想一種也好，不管怎樣也是我自己獨立想出來的。

第三，在試著拋掉弱者思維的過程中，不要畏懼負面情緒的糾擾。假設，當我們剛要強硬一點，對侵犯我們利益的人說不可以的時候，舊的思考模式也許會蹦出來對我們說：「他萬一生氣了怎麼辦？他要是步步緊逼怎麼辦？」這麼一想，我們會陡增畏懼，會打消勇氣。這時候不妨試著把事情想到最糟，他生氣了又怎樣？天會塌嗎？我會死嗎？當然不會。既然不會，那又有何懼？當我們鼓起勇氣按著強者思維去做了，發現結果遠不如我們想像的那麼糟糕，我們的勇氣和信心就會倍增，我們在強大的路上就會邁出更大的步子、走得更快。

心理學中有一個馬太效應（Matthew effect），說的是窮者越窮、富者越富的道理。同樣道理：強者越強，弱者越弱。我們越是向內心那個脆弱敏感的小孩子妥協，我們就越是「玻璃心」。若我們能正視自己的脆弱，一點點矯正它，我們就會一點點強大起來。人生本就是一個不斷推翻自我、不斷重建自我的過程，一路摸索、一路打碎、一路重建、一路汲取能量，讓自己的內心不斷成長，直到真正強大起來。然後，某一天驀然回首，我們會發現，自己正在越來越美好

拓寬視野，多與陽光和有格局的人交往

古人云：近朱者赤，近墨者黑。一個討好者如果有一個同樣是討好型人格的密友，那麼這兩人只能在討好這條路上，互相影響著，越走越遠。

例如某個人遭受不公正的待遇，對另一個人吐槽，另一個人會說：「忍了吧，別去招惹是非了。」這個人覺得他說得對，於是咽下了這口氣，接受了不公正的現實。再譬如某個人為別人忙了一天，累得筋疲力盡，對人抱怨：「唉，都是為別人忙的。」這個人安慰道：「忙就忙吧，畢竟是人家請託我們的，那是看得起我們啊。」那個人也覺得他說的有道理，於是第二天繼續有求必應，為別人忙碌。

相反，如果討好者的身邊是一個典型的不討好別人的人，那麼情景將會截然不同。我一位朋友曾跟我分享一個有趣的經歷。他大學剛畢業時，曾處處抱著討好別人的心，任勞任怨做著辦公室同事的「便利貼」。但和他同是新人的一位男同事，則血氣方剛，一副誰也不服、誰也不放在眼裡的高冷。看到朋友把其他同事交給自己做的事帶回住處忙活，那名同事連忙阻止他：「你欠他的嗎？你是他爹啊？」這話乍聽十分粗俗，可是說得在理啊。

「我既不欠他的，又不是他爹，我有什麼義務犧牲休息時間去幫他做這些瑣碎的事？可是，我已經答應他了，如果不幫他做，他會不會生氣？」朋友對同事說。

結果，對方冷笑道：「他此刻可能摟著女朋友看電影呢，或者喝著啤酒看球賽呢，他不愧疚把你當義務工使喚，你還在這裡自責，害怕他生氣？你能在下班後犧牲休息時間幫他做事，他自己的事為什麼就不能自己擠出時間來做？」朋友聽了一席話後，果斷停下這項「義務勞動」，忙自己的事情去了。

另外還有一件印象深刻的事。某次那位朋友策劃了一個方案，正準備送給組長審閱，可和他搭檔的同事對他的策劃方案十分不滿意，提了一大堆修改意見。朋友同樣下班後帶回住處，準備按照同事的意見好好修改一下方案。這時候那個男同事又點醒了他：「這是你的方案，還是他的方案？如果是你的，又何必聽他的意見？他的意見就一定比你的意見高明嗎？」

朋友說：「可是他畢竟比我早工作幾年。」

對方回他：「他比組長也早工作幾年，他怎麼不去當組長的主管呢？」

朋友還是猶疑：「可他畢竟說了那麼多，我如果什麼都不修改，講不過去吧？」

小夥子笑了：「我送你四個字，你要有膽量，明天可以對他說，那就是：『關你屁事！』」

這四個字直衝朋友的鼓膜，如醍醐灌頂一般，內心爽透。翌日那位朋友果斷地向組長交上了自己最初的文稿。後來才發現，那個同事提出的修改意見，之前也以方案的方式向組長呈交過，卻被組長以：「保守，沒有新鮮感。」給否定了。而自己的方案反而受到組長的肯定：「新人就如新鮮血液，替我們注入新鮮的靈感和思維。」朋友在心裡慶幸，幸好沒有盲目順從那個搭檔，更感激那個說話粗、語氣衝的小夥子。

此後，朋友有意識地學習那位同事獨立思考的處事思維，每當「犯賤」想順從別人壓制自己的時候，他會在心裡默念一句：「關你屁事」，然後就有勇氣按照自己的真實想法去做事，而不盲目地顧慮別人的想法。

所以，討好者可以多和陽光、有格局、有胸懷的人交往。一個陽光的朋友，會讓你的心裡明亮開朗；一個有格局的朋友，會讓你的思路開闊、心靈的天地廣闊；一個有胸懷的朋友，也會讓你的胸懷寬廣。他們自帶光芒和氣場，也會漸漸地影響你，引領你用陽光、有格局的眼光看問題、思考問題。

再舉一個例子，有一個老太太有兩個女兒，大女兒賣布鞋，小女兒賣傘。天晴的時候，老太太擔心小女兒的傘賣不出去，可到下雨的時候，她又擔心大女兒的布鞋賣不出去，於是每天都心情不好。

一個陽光樂觀的人卻對老太太說：「你何不這樣想：天晴時大女兒的布鞋好賣了，下雨時小女兒的傘一定賣得快。」老太太一想，可不是嘛，天晴大女兒生意好，下雨天小女兒生意好，如此便每天都可以很開心。

可見，同一件事，用不同的心態，從不同的角度來看，得出的結論是不一樣的，甚至截然相反。悲觀的人難以看到希望，內心的正能量微弱；而陽光的人樂觀積極，心裡充滿正能量，即便面對陰霾，也能看到內裡閃光的東西。

視野和格局窄的人，眼睛只盯著眼前的一星點苦惱和挫折，稍遇不順和挫折，就感覺天要塌了；而視野開闊、有大格局的人心裡能裝得下整個世界，眼前的小挫折、小困難，絲毫不放在心上。因為有全域觀，他們做事也會目光長遠、規劃周全。

這兩種朋友對於討好者來說，是值得去尋找和交往的。遇到了，一定要珍惜。但，自救者人恒救之。討好者自己更要努力拓寬視野，讓自己朝著陽光，有格局的方向發展。而非只是被動接受別人的影響。

挖掘你的專長，強化自身優勢

尺有所短，寸有所長。每個人都有自己的長處和優點，都有自身優勢和閃光點。討好者因為自認為比不上別人，自甘處於弱者的位置，所以很難發現自己的優勢和長處。其實，天生我材必有用，世上哪有廢材？若能洞悉自己的優勢所在，並在自己擅長的方面下功夫，做出成績，便能有利於提升自信，矯正討好心理。

我們一直在說，要讓自己強大，你若盛開，清風自來。這個強大，指的是我們的內心，也指我們的外在實力。雖然內心強大是核心，可若實力強大，優勢凸顯，也連帶輔助我們的內心強大。想一下，若蔣方舟沒有外在的優秀，她可能連站出來正視自己討好心理的勇氣都沒有，不能正視又何談改變？此後她能戰勝自我，走出討好心理的禁錮，很大程度上也得益於她強大的實力，提供她源源不斷的力量，讓她的內心也逐漸強大起來。所以，挖掘自己的光芒，強化自身優勢，非常必要。

有優勢、有特長會讓一個人產生自信，自己對自己評價變高了，還需要去討好別人，乞求別人的認同和讚賞嗎？曾經有個男孩子特別靦腆和內向，訥言到即便置身辦公室，也可以一天不跟同事說話，只埋頭自己做事。他跟我說，其實不是他不想說，而是不知道說什麼，他覺得自己人微言輕，說什麼大家都不會認真聽，所以不如緘默。

後來，他學習畫國畫。經過一段時間的研學，他畫出來的山水、牡丹讓人為之驚豔。同事們紛紛圍攏過來，向他索畫。過沒多久時間，很多同事家裡的客廳、書房都掛上了他畫的畫。在這個過程中，他和同事的交流也一點點增多，嘴角每天掛著笑容，看上去也增加了許多自信。他說，和大家聊繪畫時，他的表達欲望不知道為什麼特別的強，這就是自信對一個人的改變。

其次，有優勢有專長，取得的成績會讓自己有成就感，接著自我價值感、自我滿意度都會隨之增強。若這專長還能被周圍的人需要，讓自己成為別人眼中有價值的人，則自我價值感會更強。當然，被別人需要也要把握分寸，不要讓自己背負被人求助而不懂拒絕的苦和累。一定是要在自己願意幫助別人，且內心是快樂地去幫助別人的前提下，再答應他人的求助。

最後，當我們因為技能、專長彰顯了自己的實力，成為一個優秀的人，自然會受到別人的讚賞和關注。自然也就不需要靠「討好」去換得別人的目光。比如蔣方舟，人們給了她很多的讚譽，少年作家、才女、年輕主編……這些關注和讚美並不是她通過「討好」別人得來的，而是她的價值和能力讓人們覺得就應該給予她這樣的讚譽。

一個剛到電視臺工作的女孩子，覺得自己技不如人，常常自慚形穢。她默默工作，也默默努力，苦練主持基本功。某一天，在外景地錄節目時，主持人突然身體不適，無法繼續工作。製作人臨時又調不來其他的主持人替代，正著急不知道怎麼辦的時候，女孩怯怯地說：「我可以試試嗎？」製作人牙一咬、手一揮，沒別的辦法，來吧。

結果一場節目錄完，儘管沒有久經歷練的專業主持人那般從容、反應機敏，但女孩的清新讓人眼前一亮。所有人都誇她很不錯，製作人更是感謝她的救場。後來節目播出，每個人看到螢幕上的她，都會由衷地說：「哇，那個主持人是你啊！」、「呀，你這麼厲害呀，挺上鏡啊！」女孩自此充滿了自信，她意識到，其實自己不必妄自菲薄、自慚形穢，她不比那些看起來光鮮能幹的同事差，一樣可以得到別人的認同和讚賞。

所以，雖然理論上我們一直在強調，要擁有強大的內心力量。但在內心沒有真正強大起來之前，先挖掘自己的專長，強化自身優勢。它可以幫助我們有效對抗討好心，填充內心的空虛和匱乏。

現在就靜下心來想一想：我最擅長什麼？多小的專長都可以，哪怕是毛衣織得漂亮、番茄炒蛋做得好吃、街舞跳得好、歌唱得好……都可以列出來，然後將其發揚光大。別覺得這些小技能不起眼，編織毛衣的技能若能發展到極致，作品都可以申請金氏世界紀錄。網路上有一些編織達人，曬出自己的編織作品後，很多人出高價競標。我只是舉個例子。具體到每個人身上，肯定擅長的地方各有不同，只要我們用心去挖掘，每個人都能找到。確定自己的優勢所在，接下來要做什麼我們都清楚了，那就是將這一優勢充分打造，讓自己擁有一項專長、一個技能，或者把自己變成某一方面的達人。

「未有知而不行者，知而不行只是未知」，道理懂了而不去做，道理永遠只是道理。重要的是要去做、去行動，而且要持之以恆地去做。尤其對於挖掘專長、打造優勢這一工程來說，更是需要付出時間、潛心修煉才可以。沒有一蹴而就、很容易就能煉成的專長和優勢。這樣的話人人都可以成為達人，那麼專長就稱不上是專長，優勢也不再是優勢。

一時強硬不起來，可以先假裝「不好惹」

我曾在網路上看到一個讓我印象很深刻的影片：一所幼稚園裡，一群可愛的孩子們在舞蹈室排列各種隊形，做著各種舞蹈動作，家長們在窗外面帶慈愛地欣賞著自家寶貝的表演。突然，一個胖嘟嘟的小女孩在轉身的時候，惡狠狠地撞向身邊的柔弱小姑娘，被撞的小姑娘應聲倒地，委屈地扭頭看向撞自己的胖女孩。而對方挑釁地迎著她的目光，一副「你能把我怎樣」的強橫表情。

只看到小姑娘摔倒，沒看到為什麼摔倒的老師，面帶責怪地對趴在地上的小姑娘說：「轉身的時候，要站穩。」小姑娘沒有爭辯，告訴老師是別人把自己撞倒的，而是強忍著眼淚，站起來，繼續排練。

但站在窗外的小姑娘的父親把一切看在眼裡。接孩子回家的路上，父親問她：「那個女孩子為什麼撞你？」

小姑娘柔弱地說：「她經常撞我。」
父親問：「你為什麼不反擊？」
孩子說：「你不是說不要和小朋友打架嗎？有什麼事情要和平解決。」
父親驚愕，看來是自己的教育培育出女兒的軟弱。他沉思了一下說：「聽我說孩子，當有人覺得你好欺負，而一再冒犯你的時候，你要狠狠反擊回去。要用同樣的反擊手段告訴他：你其實並不好惹。哪怕，你只是一時假裝不好惹！」
小姑娘得到爸爸的鼓勵，當再次舞蹈排練，相同的情景再現時，小姑娘從地上一躍而起，狠狠把對方推倒在地，然後像個英雄一樣望向窗外的父親。而父親朝她豎起大拇指，對她說：「好樣的！」
看完影片，我也對這位父親豎起大拇指。他及時阻止了孩子走向「討好者」的腳步，告訴孩子**面對一再進犯的人，不可堅持「以和為貴」，而是要勇敢地捍衛自我，即便是假裝不好惹。**
所以，當你尚在強大的路上艱難跋涉的時候，若意識到我們的身邊有這樣一個屢次肆意冒犯我們的人，有一個總是刻意忽視我們的感受拿我們不當回事的人，有一個我們一退再退、一讓再讓也不懂愧疚的人……不妨先假裝不好惹，擺出一副強橫、高冷的姿態，就如一隻刺蝟，儘管內心忐忑、恐慌，但也要豎起渾身的尖刺，向對方傳達一個資訊：我可不好惹。

這招真的很管用。一方面的確會給對方以震懾，比如面對長嘯和撩腿的驢子，老虎也是畏懼的；另一方面，這種假裝出來的「不好惹」資訊，同時也會傳遞到我們的內心，給我們壯膽。

有位男士被診斷出患了抑鬱症，他選擇住院調養，一個人在醫院待了將近一個月。朋友去醫院看他，問他在這裡住著不難受嗎？他哈哈大笑說：「不但不難受，還感覺很爽。」

朋友不解：「哪有住院還覺得爽的。」

男士說：「平日裡他對誰都點頭哈腰的，每天小心翼翼看著別人的臉色，生怕自己哪句話說錯了惹別人不高興。一顆心那個累啊，不然還不會得抑鬱症呢。可自從住院，從醫生到護士，每個人對他都和顏悅色的，甚至有時候還小心翼翼觀察他的情緒，生怕他有什麼不開心。我這才明白了，原來他們是怕我抑鬱情緒上來，不好弄啊。瞬間我的心就舒展了，跟醫生護士說話也放得開了，嗓門也大了，完全由著自己的心性，想說什麼說什麼。哈哈哈……」男士調侃地大笑。

可見，當心裡有「我也不好惹」的信念，哪怕只是假象，也會像盾牌一樣，給自己怯懦的心滿滿的安全感。有一首歌我不記得叫什麼名字了，但裡面有幾句歌詞記憶猶新，沒事時候討好者可以在心裡默念，以給自己打氣：「告訴你，我可不好惹。教訓我，你沒有資格。告訴你，我一肚子火，沒義務看你的臉色。告訴你，我可不好惹。教訓我，你是我什麼？別惹我，我一肚子火。一翻臉，我可不好惹。」

假裝不好惹，可以從態度上加以練習。比如在跟總跟你過不去的人交流時，面露不悅，讓他知道：你不高興了、你不願聽他說話，或者乾脆沉默，簡單地拉下臉來，給對方一個臉色看，也可以無聲無息表達你的「不好惹」氣場。

假裝不好惹，可以從語言上去展示。比如試著在交流中反駁別人的觀點，改變自己一貫迎合的說話風格。可以先找一個實驗對象，有意在他發表言論的時候，試著表達自己不同於他的觀點。抱著「我可不好惹」的心態和實驗對象相處，看看當我們表現出不好惹的時候，對方是什麼反應和態度。如此，一點點去習慣這種交往模式，以及進行這種交往時候的心理狀態。當然，這樣做需要把握一個分寸，別讓別人感覺我們處處與人作對。

假裝不好惹，還可以抓住一些機會，小題大做一次、小小爆發一次。讓那些總欺負自己的人看到，不是我們不會發火，只是不想跟他們計較而已。並且，在真正需要發火的時候，鼓足勇氣敢於硬碰硬，哪怕腿肚子發抖到要抽筋，心裡砰砰打鼓，也要面不改、色不懼，眼神犀利，語言如刀，給予對方暴風驟雨般的反擊。一次有力的反擊足以塑造我們不好惹的形象。

我又想起那個被父親教導的小女孩，憤起推倒欺負自己的人後，那勝利的笑容。而那個被突然一擊摔倒在地的強橫者，驚慌失措。一切得寸進尺的強橫者，都是紙老虎，當我們真的不好惹，他們便也真的再不敢惹我們。

孔子云：「以直報怨，以德報德。」一**當包容只是換來欺負，忍讓只是換來無視，一味付出只是換來廉價索取，好吧，告訴他：我可不好惹！**當我們強硬起來，完全不在意別人，只以自我為軸心，當我們擺出高冷的姿態，傲視周圍的一切，我們會發現，我們反而會得到用討好想換卻換不來的東西，比如認同、尊重、關注。

你若不堅強，誰替你勇敢

我們必須接受這樣的現實：沒有人能夠真正幫我們，沒有人能替我們強大和勇敢。沒有人能撐起我們自己的天空，沒有人能替我們的人生買單。所以無論內心多麼怯弱、畏懼，無論我們的身後身前遍布多少深谷淺坑，我們都必須堅強面對，拿出勇氣來面對自己、為自己的人生做出改變。

最近熱播的韓國電視劇《迷霧》，塑造的就是一個堅強走過坎坷人生，勇敢面對忽視和挑戰，戰鬥力爆表、任性值超標的女主角形象。她叫高惠蘭，小時候生活顛簸，母親不斷給她施加壓力，告訴她「你一定要成功」；初就職時作為小記者，參加記者會，縱然堅持舉手提問，也還是被人無視，工作中還經常被同事嘲笑；成為知名女主播後，又面臨因為女性身分而難以再升職的無奈，還要面對「年紀到了，要讓位給新人」的窘迫感……可以說，從無名小卒一步步走到知名女主播的位置，高惠蘭步步艱難。和職業發展的艱難相比，她還時時承受著和丈夫的情感危機。

但是，「我從來沒有逃跑或避開過，絕對的正面衝突，要不我毀滅，要不就你破碎。而每一次我都沒有輸過。」這句充滿了霸氣的臺詞精准地描繪出了高惠蘭一路勇敢戰鬥的強大女王氣概。她一言不合就開撕的絕不容忍，即便對方是她上司也敢率性對抗的率直，讓觀眾看得直呼酷爽。她也因為表達真實的自己，勇敢地做自己而收穫了很多觀眾。此電視劇也因此獲得很高的收視率，豆瓣評分居然高達九點二分。這鮮明果敢的人物形象，我非常推薦給討好者作為學習的典範。

席慕蓉寫過這樣一段話：「**在一回首間，才忽然發現，原來，我一生的種種努力，不過只為了要使周遭的人都對我滿意而已。為了要博得他人的稱許與微笑，我戰戰兢兢將自己套入所有的模式，所有的桎梏。走到中途，才忽然發現，我只剩下一副模糊的面具，和一條不能回頭的路。**」我們何嘗不是如此？面對這走了一半，所剩珍貴的人生之路，我們是甘願繼續帶著這副模糊的面具，活在模式和桎梏裡？還是勇敢地打破桎梏、扔掉面具，活出真實的自我？我想，回答一定是後者。

那就勇敢地去做吧！直起身，抬起頭，用平視的視線，掃視周圍的人和事。不必花心思去猜度別人想什麼，去取悅和親附別人，不必在意別人會如何評價我們、看待我們。我們只需關注自己、關愛自己，只需真實做自己！

真實做自己的前提，是要喜歡這個真實的自己，無條件地喜歡。或者說，要核心自信。**怎麼理解「核心自信」這個詞呢？簡單地說，就是無論自己是什麼樣子的，都對自己抱持肯定的評價，都相信自己的存在價值。**打個比方，一個人若有人誇他：「你很能幹。」他便很開心，覺得自己真的很能幹。若有人說：「你真沒用。」他隨即會失落，甚至真的懷疑自己的能力。那麼，這個人一定是缺乏「核心自信」。他的自信都是建立在外界對自己的肯定和認可的基礎上，只要稍微受到質疑和否定，他就失去自信。

若一個人無論別人說自己如何，自己內心對自己的評價都穩定不變，絲毫不懷疑自己對自己的評判，哪怕他很清楚地看到自己的缺點，他也很坦然地接納，愛這個有缺點的真實的自己，那麼他就是有「核心自信」的人。他不會因為一次考試考砸了，而懷疑自己學習能力差；不會因為失戀了，而懷疑自己沒有吸引力；不會因為被主管批評了，而否定自己的工作能力；也不會因為被一群人孤立了，而自愧沒有人喜歡……

如此，有「核心自信」的人便不會輕易討好別人，因為他不需要；他也不會輕易向外界妥協，因為他有很清晰的人際邊界，有很強大的捍衛自我的能力，他總會勇敢地表達真實的自己，勇敢地拒絕他不想要的、不想做的一切。

如何才能擁有如定海神針般法力無邊的「核心自信」呢？無良方，唯有修煉內功。這不是僅僅多讀幾本書，多做一些思考，就可以解決的問題。沒有那麼容易操作的方法。總是需要時間，總是需要下功夫，總是需要付出耐心和恆心的，一點點強大自己的內心，積沙成塔、集腋成裘，把自己從一條小河變成大海，從一棵小草變成一棵大樹，我們才是真正地長大了、強大了。

還是那句話，無論多浩大的工程，只要我們開始了，總有一天會從地基建成摩天大廈。**一旦我們做出改變的決定，我們就已經開始在改變。**儘管這個過程很漫長，漫長中還充斥著太多的苦痛，但因為我們正在蛻變，正一點點剝離內心的錯誤執念，一點點告別過去的自己，一點點改變過去的行為、思維習慣，還要承受不討好、不順從時得不到別人關注的迷茫、孤獨。承受內心不夠強大，拒絕別人後內心產生的畏懼、不安、自責等種種負面情緒……但無論多難，我們必須堅強地去做，一點點地做。要堅信，只要我們為之付出努力，再漫長的路，也終會走過去。

這份人生的單，只能我們自己買。我們若不堅強，沒有人替我們勇敢。

願我們在人生的道路上，懷揣善良，更充滿智慧的勇氣和堅強，遇山開路，逢河搭橋，成長為內心強大的人。當我們把自己的人生編織成秀麗的錦緞，自會有鮮花尋蹤而來。我們若盛開，清風自然來。

0AHT4020　心靈方舟

好就能美好嗎？

者　黃志堅
設計　張天薪
版型　張天薪
編　盧羿珊
理　王思捷
輯　林淑雯

者　方舟文化｜遠足文化事業股份有限公司
行　遠足文化事業股份有限公司
23141 新北市新店區民權路 108-2 號 9 樓
話　+886-2-2218-1417
傳　真　+886-2-8667-1851
劃撥帳號　19504465
戶　名　遠足文化事業股份有限公司
客服專線　0800-221-029
E - MAIL　service@bookrep.com.tw
網　站　www.bookrep.com.tw

排　版　菩薩蠻電腦科技有限公司
製　版　軒承彩色印刷製版有限公司
印　刷　通南彩印股份有限公司
電　話　(02) 2221-3532
法律顧問　華洋法律事務所｜蘇文生律師

定　價　360 元
初版一刷　2020 年 8 月
二版一刷　2020 年 8 月

讀書共和國出版集團

社　　長：郭重興
發行人兼出版總監：曾大福
業務平臺總經理：李雪麗
業務平臺副總經理：李復民
實體通路經理：林詩富
網路暨海外通路協理：張鑫峰
特販通路協理：陳綺瑩
印　　務：黃禮賢、李孟儒

國家圖書館出版品預行編目（CIP）資料

討好就能美好嗎?／黃志堅著. －二版. －新北市：方舟文化出版：遠足文化發行, 2020.08
面；　公分. －(心靈方舟；0AHT4020)
ISBN 978-986-98819-9-9(平裝)

1.人際關係 2.生活指導

177.3　　109009635

方舟文化
官方網站

方舟文化
讀者回函

本書初版為方舟文化《為什麼我們總是討好別人，委屈自己？》